백종원이
추천하는
**집밥 메뉴**
**54**

..................................................... 님께

.....................................................

.....................................................

..................................................... 드림

# 백종원이 추천하는
# 집밥 메뉴 54

초판 1쇄 발행 2016년 01월 20일
초판 66쇄 발행 2024년 02월 05일

**지은이** 백종원

**발행인** 심정섭
**편집장** 신수경
**디자인** 박수진
**사진** 김철환(요리) 장봉영(인물)
**스타일링** 김상용 최지현 이빛나리(noda+ 쿠킹스튜디오 02-3444-9634)
**그릇 협찬** 다이닝오브제(www.diningobjet.com 1666-6745)
**마케팅** 김호현
**제작** 정수호

ⓒ 백종원, 2016

**발행처** (주)서울문화사 | **등록일** 1988년 12월 16일 | **등록번호** 제2-484호
**주소** 서울시 용산구 한강대로 43길 5 (우)04376
**구입문의** 02-791-0708 | **팩시밀리** 02-749-4079
**이메일** book@seoulmedia.co.kr
**블로그** smgbooks.blog.me | **페이스북** www.facebook.com/smgbooks/
ISBN 978-89-263-9685-8(13590)

* 이 책은 (주)서울문화사가 저작권자와의 계약에 따라 발행한 것으로
  저작권법에 따라 보호를 받는 저작물이므로 무단전재와 무단복제를 금지합니다.
  이 책 내용의 전부 또는 일부를 이용하려면 반드시 저작권자와 (주)서울문화사의 서면 동의를 받아야 합니다.
* 잘못된 책은 구입처에서 교환해 드립니다.
* 책값은 뒤표지에 있습니다.

# 백종원이 추천하는
# 집밥 메뉴 54

백종원 지음

서울문화사

## Prologue

    요리를 전혀 못하는 초보자 누구라도 책만 보면 쉽게 따라 할 수 있는 집밥 메뉴 책인 《백종원이 추천하는 집밥 메뉴 52》에 이어 두 번째로 《백종원이 추천하는 집밥 메뉴 54》를 출간하게 되었습니다. 무엇보다 실제로 음식을 만들면서 고민하고 터득한 저만의 레시피를 책을 통해 소개하고, 저의 레시피를 기반으로 집에서 직접 '집밥'을 손수 만들어 먹는 독자들이 늘어나는 모습에 뿌듯함을 느낍니다.

    처음 식당을 하려고 했을 때, 정보를 얻을 곳도 없고 막막해서 요리책을 많이 사 봤습니다. 그때 책에 나온 레시피대로 조리를 하면 맛이 잘 안 나는 경우가 많아서 실망도 많이 했습니다. 나중에 더 들이파고 연구해 본 다음에야 양념이 약해서 맛이 없었던 것이지, 기본 레시피에는 큰 문제가 없다는 것을 알았습니다. 그래서 저는 요리책을 낼 때 조금 다르게 접근하고 싶었습니다. 기본적으로 '음식이 맛있다'라는 느낌을 받으려면 간이 맞아야 합니다. 그런데 이 '간'이라는 게 사람마다 기준이 다릅니다. 하다못해 설렁탕 한 그릇을 먹더라도 넣는 소금의 양이 사람마다 다릅니다. 저는 간을 평균적인 입맛보다 강하게 하는 편을 선택했습니다. '맛은 좀 강하지만 이렇게 하면 되겠네'라고 생각하는 것과 '맛이 없네. 역시 난 요리에 소질이 없나 봐'라고 생각하는 것은 천지차이라고 생각합니다. 저는 이 책이 요리가 어려운 사람들이 좌절감을 느끼고 다시는 요리를 하지 않게 만드는 요리책이 아니라, 누구에게나 요리에 대한 자신감과 즐거움을 느낄 수 있게 해 주는 요리책이 되길 바랍니다. 그래서 의도적으로 간을 강하게 잡은 것이니 각자 입맛에 따라 간을 조절하여 요리하길 바랍니다.

저는 많은 사람들이 직접 집밥을 해 먹으면서 요리의 재미도 느끼고 가정도 화목해지길 바랍니다. 그런데 그것이 다는 아닙니다. 직접 요리를 하다보면 음식을 만드는 사람에 대한 고마움도 느끼고 존중하는 마음도 생기기 마련입니다. 똑같이 외식을 하더라도, 요리를 안 해 본 사람이 식당에 대해 느끼는 것과 요리를 해 본 사람이 느끼고 대하는 것은 다를 수밖에 없습니다. 마찬가지로 식당 주인도 요리하는 사람을 존중하는 손님을 많이 만나게 되면 더 좋은 재료를 쓰고 더 노력해서 요리하게 될 것입니다. 그래서 결국 집밥 열풍이 대한민국 외식문화에도 작은 변화의 변화를 일으켰으면 하는 바람입니다. 집밥과 함께 외식업도 발전하고 결국 소비자들이 더 좋은 음식을 먹을 수 있을 것이라는 생각을 담아 이 책을 준비했습니다.

지금까지 저를 위해 요리해 준 수많은 사람들의 정성, 함께 밥을 먹어 준 소중한 사람들의 온기, 지켜보고 응원해주시는 분들의 따뜻한 마음이 지금의 저를 만들었다고 생각합니다. 다시 한번 모든 독자에게 감사의 마음을 전합니다.

2016년 1월

백종원

#  집밥 기본기 다지기

###  1. 진간장과 국간장을 구분하자!

* 진간장은 단맛과 감칠맛이 더 나는 간장이고, 국간장은 단맛 없이 짠맛과 향이 더 진한 간장이다.
* 진간장은 양조간장이라고도 부르며, 무침, 조림 등에 두루 쓰인다.
* 국간장은 조선간장이라고도 부르며 된장에 소금을 넣고 발효시킨 것이다.
  국, 찌개, 나물 등의 간을 맞추고 깊은 맛과 향을 낼 때 쓴다.
* 취향에 따라 진간장과 국간장은 2대1이나 3대1 정도로 섞어서 쓸 수도 있다.
* 어떤 간장이든 간장이 들어가면 국물의 색이 탁해진다는 것도 알아두자.
  맑은 색의 국물을 원한다면 간장은 소량만 쓰고 소금으로 간을 맞춰야 한다.

###  2. 두 가지 고춧가루의 쓰임새를 알고 사용하자!

* 말린 고추를 빻아서 만든 고춧가루는
  거칠게 빻은 굵은 고춧가루와
  고운 고춧가루 두 가지 종류가 있다.
* 색을 곱게 낼 때는 고운 고춧가루를 쓰고
  김치나 찌개를 맛있어 보이게 하는
  시각적 효과가 필요할 때는
  굵은 고춧가루를 쓰는 것이 효과적이다.
* 두 가지를 구입하기 어렵다면 구분하지 않고
  사용해도 된다.

\* 고운 고춧가루

\* 굵은 고춧가루

## 3. 기본 양념을 챙기자!

* 재래식 된장
* 고추장
* 된장
* 진간장
* 국간장

* 꽃소금
* 고운 고춧가루
* 굵은 고춧가루
* 황설탕
* 후춧가루
* 통깨
* 깨소금

* 식초
* 참기름
* 들기름
* 식용유
* 새우젓

* 감자전분
* 튀김가루
* 부침가루
* 빵가루
* 밀가루

* 카레가루
* 마요네즈
* 케찹
* 우스터소스
* 버터
* 고형카레

* 간 마늘
* 마늘
* 간 생강
* 생강

* 양파
* 대파
* 쪽파
* 풋고추
* 홍고추
* 청양고추
* 말린 홍고추

## 4. 도구를 활용하자!

* **채칼** *밥그릇* *국그릇*
* **넓은 팬** *깊은 팬* *가위*

* **채칼** 재료의 굵기를 일정하게 썰 수 있어서 좋다. 감자채볶음 같은 요리가 실패하는 원인은 재료의 굵기가 일정하지 않아 익는 속도가 달라지기 때문이다. 채썰기에 자신이 없다면 채칼을 이용하자. 채칼은 손에 힘을 줘서 눌러 가며 써야 잘 잘린다.

* **밥그릇** 카레라이스나 덮밥을 낼 때는 밥그릇이나 낮은 국그릇을 이용하면 좋다. 그릇에 밥을 채운 후에 큰 접시에 엎으면 밥의 모양이 잘 잡힌다.

* **국그릇** 국을 끓일 때 얼마나 끓여야 할지 가늠하기 어렵다면, 몇 그릇이 필요한지 국그릇으로 역산해서 물 양이나 건더기 양을 가늠해 보면 적당한 양의 국을 끓일 수 있다.

* **넓은 팬** 고사리처럼 수분을 빨리 날려야 하는 채소, 또 갈치처럼 두께가 얇은 생선을 조리할 때는 수분의 증발 속도가 빠른 넓은 팬을 사용하자.

* **깊은 팬** 고등어조림이나 연근조림처럼 수분을 유지하면서 오래 익혀야 하는 두꺼운 재료를 조리할 때는 수분 증발 속도가 느린 깊은 팬을 사용하면 된다.

* **가위** 재료를 무조건 칼로 썰어야 한다는 고정관념을 버리자. 김치전을 할 때 볼에 김치를 넣고 가위로 썰면 따로 칼이나 도마를 쓰지 않고 깔끔하게 요리할 수 있다. 대충 썰어도 되는 재료라면 가위를 이용해 보자.

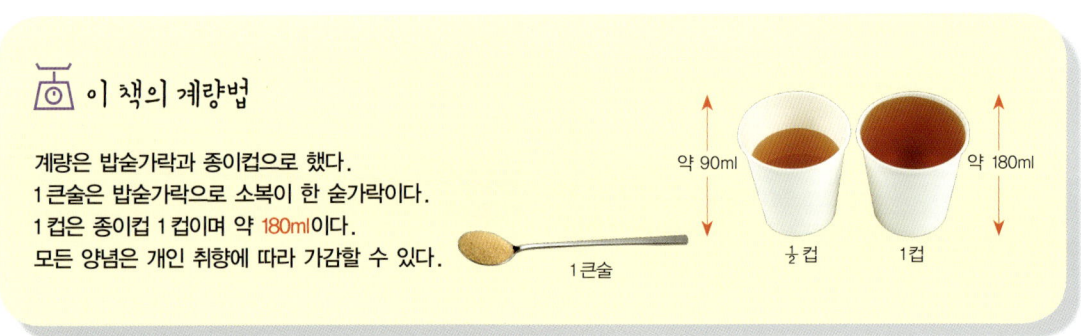

### 이 책의 계량법

계량은 밥숟가락과 종이컵으로 했다.
1큰술은 밥숟가락으로 소복이 한 숟가락이다.
1컵은 종이컵 1컵이며 약 180ml이다.
모든 양념은 개인 취향에 따라 가감할 수 있다.

1큰술   ½컵 약 90ml   1컵 약 180ml

## 5. 기타 요리 노하우

**쌀뜨물을 활용하자!**

쌀을 씻을 때 두 번째나 세 번째 물을 받아 두자. 국이나 찌개를 끓일 때나 나물을 볶을 때 물 대신 사용하면 좋다. 쌀뜨물의 전분기가 여러 가지 맛을 모아 주고 감칠맛을 더해 준다.

**요리는 세 번!**

장 볼 때 한 번, 재료 늘어놓고 한 번, 마지막으로 실제 요리.

**선입견을 버려라!**

모양이나 맛에 대한 선입견을 버리자. 카레의 감자는 꼭 깍둑썰기해야 할까? 생선통조림으로는 고급스러운 요리를 하기 어려운 걸까?

**레시피를 외우지 말라!**

음식을 맛보고 느끼고 상상해 보자.

**설명서를 잘 읽자!**

라면이라고 우습게 보지 말자. 인스턴트 재료의 설명서에는 의외로 많은 정보가 들어 있다. 재료로 사용할 때는 봉지에 적힌 설명을 꼼꼼히 읽어 보는 것이 좋다.

차 례

**Prologue** * 4
집밥 기본기 다지기 * 6

**집밥 1장** 만능간장으로 만든 즉석반찬

만능간장 완전정복 * 16
가지볶음 * 18
애호박볶음 * 20
양배추볶음 * 22
숙주볶음 * 24
쑥갓볶음 * 26
중국식피망볶음 * 28
셀러리볶음 * 30
느타리버섯볶음 * 32
달래간장과 김구이 * 34
청포묵무침 * 36
두부조림 * 38
잡채 * 40

**집밥 2장** 만능간장으로 만든 저장반찬

마늘종볶음 * 46
멸치볶음 * 48
감자볶음 * 52
어묵감자볶음 * 54
고사리볶음 * 56
꽈리고추조림 * 58
감자조림 * 60
우엉조림 * 62
연근조림 * 64
무조림 * 66
일본식무조림 * 68
깻잎찜 * 70

## 차례

**집밥 3장** 한국인이 사랑하는 매일집밥

김치전 *74
돼지고기김치찌개 *76
늘기름달걀프라이 *79
통조림생선구이 *80
고등어감자조림 *82
고등어김치찜 *86
일본식꽁치조림 *88
건새우볶음 *91
압력밥솥콩나물밥 *92
콩나물무침 *94
얼큰콩나물찌개 *98
콩나물볶음밥 *100
콩나물불고기 *102
오징어 요리의 기초 *104
오징어숙회 *106
오징어초무침 *108
오징어볶음 *110
중국식오징어꼬치 *114
감자채볶음 *117

**집밥 4장** 특별한 날 먹는 별미집밥

돼지고기구이 *120
양파캐러멜카레 *124
목살스테이크카레 *126
잔치국수 *130
비빔국수 *134
열무물국수 *136
만두전 *138
경양식돈가스 *140
크림수프 *144
마카로니샐러드 *146
감자샐러드 *148
돈가스샌드위치 *150

찾아보기 *152

# 집밥 1장

## 만능간장으로 만든 즉석반찬

**만능간장 하나만 제대로 활용하면
1년 반찬 걱정 끝!**

가지나 쑥갓, 양배추 같은 신선 채소들은 식사 전에 바로 조리해서 먹는 것이 가장 맛있다. 만능간장과 싱싱한 제철 재료로 5~10분 만에 맛깔나는 반찬 하나가 뚝딱 완성되는 초간단 초스피드 조리법을 소개한다.

#  만능간장 완전정복

*Point*

진간장, 간 고기, 설탕의 조합으로
맛을 낸 만능간장.
간단히 만들어서 냉장고에 넣어 두었다가
볶음이나 조림을 할 때 사용하면 된다.
만능간장 하나만 있으면
짧은 시간 안에 감칠맛 나는
다양한 반찬을 만들 수 있다.

## 1. 재료 준비하기

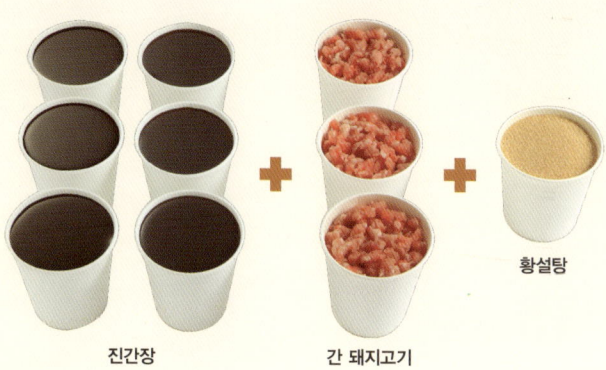

진간장 / 간 돼지고기 / 황설탕

**진간장 : 간 돼지고기 : 황설탕 = 6 : 3 : 1**

* 간장은 진간장이나 양조간장을 써야 한다. 국간장, 조선간장, 재래식 간장은 염도가 높고 감칠맛이 덜해서 추천하지 않는다.
* 간장과 고기의 비율은 현재 2:1이지만 취향에 따라 1:1로 해도 된다. 닭고기, 소고기도 사용 가능하다.

## 2. 만능간장 만들기

1. 냄비에 진간장 6컵을 넣는다.

2. 간 돼지고기 3컵을 넣는다.

3. 황설탕 1컵을 넣는다.

4. 불을 켜기 전에 고기와 설탕을 잘 저어서 풀어 준다.

5. 불을 켜고 중불에서 간장을 저어 가며 끓이다가, 간장이 끓어오르면 5분 정도 더 끓인다.

6. 다 끓으면 불을 끄고 식힌다. 간장 위에 뜬 지방이 보기 싫다면 걷어 내고 사용한다.

## 3. 만능간장 보관하기

* 끓인 만능간장은 실온에서 식힌 후 소독한 유리병이나 반찬용기에 넣어 냉장 보관한다.
* 냉장 보관 가능한 기간은 15~30일 정도이다.
* 일주일 쯤 지났을 때 만능간장을 한 번 더 끓여 주면 더 안심할 수 있다.
* 끓인 간장은 식힌 후에 반드시 깨끗한 용기에 넣어야 한다. 원래 들어 있던 용기에 그대로 넣으면 안 된다.

만능간장

# 가지볶음

*Point* 가지는 열을 가하면 수분이 생기면서 순식간에 숨이 죽어버리는 채소다.
이렇게 수분이 많은 채소는 찌기보다는 빠르게 볶거나 구워야
식감과 담백한 맛을 살릴 수 있다.

### 재료 (4인분)

가지 ············ 2개 (200g)
대파 ············ 2큰술 (14g)
청양고추 ········ 1개 (10g)
만능간장 ········ ⅕컵 (50g)
식용유 ·········· 4큰술

**1** 청양고추는 0.5cm 두께로 어슷 썰고, 대파는 0.3cm 두께로 얇게 썬다.

**2** 가지는 꼭지를 걷어 내고 최대한 끝부분까지 자른다.

**3** 꼭지를 제거한 가지를 길게 반 가른 후 0.5cm 두께로 어슷 썬다.

**4** 넓은 팬에 대파와 식용유를 넣고 불을 켠 후 강불에서 대파가 노릇노릇해질 때까지 볶는다.

**5** 대파가 노릇노릇해지면 가지를 넣고 볶는다.

**6** 가지가 반쯤 익었을 때 청양고추를 넣고 섞는다.

**백종원의 tip**

파기름은 만능간장의 맛을 더 강력하게 만들어 주는 비밀 무기이다. 만능간장을 이용한 볶음을 할 때는 반드시 파기름부터 내고 시작하자. 가지는 양념을 금방 흡수하기 때문에 만능간장을 한꺼번에 붓지 말고 골고루 돌려 가며 넣는 것이 좋다.

**7** 가지에 만능간장을 돌려 가며 고루 넣는다.

**8** 만능간장이 가지에 잘 배도록 섞고 빠르게 볶아서 완성한다.

**만능간장**

# 애호박볶음

♩ 애호박은 새우젓을 넣고 볶아 먹는 것이 일반적이지만,
만능간장을 넣고 볶으면 담백하면서도 감칠맛이 난다.

### 재료 (4인분)

- 애호박 ············ 1개 (320g)
- 대파 ············ 2큰술 (14g)
- 만능간장 ······ ⅕컵 (40g)
- 간 마늘 ·········· ½큰술
- 식용유 ············ 3큰술
- 통깨 ·············· ½큰술

**1** 애호박은 길게 반 가른 후 0.5cm 두께로 반달 모양으로 썬다.

**2** 대파는 0.3cm 두께로 얇게 송송 썬다.

**3** 넓은 팬에 대파와 식용유를 넣고 불을 켠 후 강불에서 파가 노릇노릇해질 때까지 볶는다.

**4** 대파가 노릇노릇해지면 애호박을 넣는다.

백종원의 tip

**5** 간 마늘을 넣는다.

**6** 만능간장을 돌려 가며 고루 넣는다.

애호박이나 가지처럼 수분을 많이 품고 있는 채소들은 잠깐 방심하면 너무 익어서 식감이 나빠질 수 있다. 다 볶은 후에도 잔열로 숨이 죽을 수 있으니, 약간 덜 볶았다 싶을 때 불을 끄고 잔열로 익히는 것이 좋다.

**7** 간 마늘과 만능간장이 애호박에 잘 배도록 저어 가며 애호박이 익을 때까지 볶는다.

**8** 애호박이 먹음직스럽게 익으면 통깨를 뿌리고 섞은 뒤 마무리한다.

**만능간장**

# 양배추볶음

*Point* 위에도 좋고 아삭한 식감도 일품인 양배추볶음.
만능간장 채소볶음 조리법에
말린 홍고추가 추가된 것이 포인트다.

### 재료 (4인분)

- 양배추 ········ ¼통 (300g)
- 대파 ············ 2큰술 (14g)
- 말린 홍고추 ··· 2개 (8g)
- 만능간장 ······ ¼컵 (50g)
- 식용유 ·········· 5큰술

**1** 대파는 0.3cm 두께로 얇게 썬다.

**2** 양배추도 0.5cm 두께로 얇게 썬다.

**3** 넓은 팬에 잘게 썬 대파와 식용유를 넣고 불을 켜고 강불에서 살짝 볶는다.

고추씨까지 모두 투하!

**4** 말린 홍고추를 가위로 잘라 넣는다.

백종원의 tip

**5** 대파가 노릇노릇해질 때까지 홍고추 섞인 파기름을 볶는다.

**6** 파가 노릇노릇해졌을 때 양배추를 넣고 볶는다.

만능간장을 활용한 볶음요리에 말린 홍고추를 넣으면 향도 좋아지고, 매콤함이 더해져서 맛도 풍부해진다. 또 고추의 붉은색이 포인트가 되어 보기에도 좋다.
말린 홍고추는 가위로 잘라서 씨까지 다 사용하면 된다.

**7** 양배추가 살짝 숨이 죽었을 때 만능간장을 둘러 가며 고루 넣는다.

**8** 양배추를 만능간장과 섞어 가며 빠르게 볶아서 완성한다.

만능간장

# 숙주볶음

♪ Point 숙주는 아삭아삭 씹히는 맛이 매력이다.
그런데 조금만 오래 볶으면
특유의 식감이 죽어버리고,
반대로 덜 익히면
비린 맛이 날 수 있다.
만능간장과 식초를 이용해
비린내 없는 초간단 숙주볶음을
만들어 보자.

### 재료 (4인분)

숙주 ············ 3컵 (210g)
대파 ············ 2큰술 (14g)
만능간장 ········ ⅓컵 (50g)
식용유 ··········· 5큰술
식초 ············· 1큰술

**1** 대파는 0.3cm 두께로 얇게 썬다.

**2** 숙주는 깨끗이 씻어 물기를 빼 둔다.

**3** 넓은 팬에 식용유와 대파를 넣고 불을 켠 후 강불에서 대파가 노릇노릇해질 때까지 볶는다.

**4** 대파가 노릇노릇해지면 숙주를 넣는다.

백종원의 tip

**5** 숙주에 식초를 넣어 비린 맛을 잡는다.

**6** 숙주에 만능간장을 돌려 가며 고루 넣는다.

초스피드로 완성할 수 있는 만능간장 볶음이다. 설익은 숙주의 비린 냄새는 식초가 잡아주니 걱정하지 말고 빠르게 볶아 내자. 숙주볶음은 접시에 담은 후에도 계속 숨이 죽으니 먹기 직전에 조리하는 것이 좋다.

덜 익었나 싶을 때까지만!

**7** 숙주를 만능간장과 섞어 가며 빠르게 볶은 후 바로 낸다.

만능간장

# 쑥갓볶음

무침으로만 먹었던 쑥갓의 깜짝 변신!
볶음이지만 무친다는 느낌으로 원재료의 맛과 향을
그대로 살려내는 것이 포인트다.

### 재료 (4인분)

쑥갓 ·············· 3컵 (135g)
대파 ·············· 2큰술 (14g)
만능간장 ········ $\frac{1}{3}$컵 (50g)
식용유 ············ 4큰술
간 마늘 ·········· $\frac{1}{2}$큰술

**1** 대파는 0.3cm 두께로 얇게 썬다.

**2** 쑥갓은 줄기를 3cm, 잎을 6cm 길이로 썬다.

**3** 넓은 팬에 대파, 식용유, 간 마늘을 넣는다.

> 마늘로 풍미를 높인다.

**4** 불을 켜고 강불에서 대파가 노릇노릇해질 때까지 파기름을 볶는다.

**5** 대파가 노릇노릇해지면 파기름에 만능간장을 넣는다.

**6** 만능간장과 파기름을 잘 섞은 뒤 불을 끈다.

**백종원의 tip**

간장을 먼저 볶은 후에 불을 끄고 쑥갓을 섞어 주면 쑥갓의 향과 식감이 그대로 살아 나면서도 간이 제대로 밴 볶음을 먹을 수 있다.

**7** 불을 끈 팬에 썰어 둔 쑥갓을 넣는다.

**8** 젓가락으로 쑥갓을 무치듯 섞은 후 바로 낸다.

**만능간장**

# 중국식피망볶음

*Point* 파기름, 만능간장, 전분물의 조합으로 집에서도 간단히 중국식 볶음의 맛을 낼 수 있는 조리법이다. 물에 전분가루만 섞으면 간단히 만들어지는 전분물이 볶음의 맛을 한 단계 더 끌어올려 준다.

### 재료 (4인분)

- 피망 ············ 3개 (420g)
- 대파 ············ 2큰술 (14g)
- 만능간장 ········ ¼컵 (50g)
- 감자전분 ········ ½큰술
- 물 ·············· 3큰술
- 식용유 ·········· 4큰술
- 참기름 ·········· 1큰술

**백종원의 tip**

피망 꼭지가 잘 안 떨어질 때는 피망의 윗부분을 1cm 정도 잘라 낸 후 꼭지를 동그랗게 눌러서 떼어 내면 된다.

전분물은 조금만 넣어도 국물이 걸쭉해진다. 한꺼번에 붓지 말고 점도를 봐 가며 조금씩 붓는 것이 좋다.
전분물 대신 밀가루물을 쓰면 맛이 많이 떨어지므로 전분이 없다면 전분물은 생략해도 된다.

**1** 대파는 0.3cm 두께로 얇게 썬다.

**2** 피망은 꼭지와 씨를 제거하고 반을 갈라 0.5cm 두께로 채 썬다.

**3** 그릇에 전분과 물을 넣고 잘 섞어 둔다.

**4** 넓은 팬에 대파와 식용유를 넣고 불을 켜고 강불에서 볶는다.

**5** 대파가 노릇노릇해지면 피망을 넣고 섞는다.

**6** 피망에 만능간장을 돌려 가며 고루 넣는다.

*전분물은 붓기 직전에 한 번 더 젓기!*

**7** 피망에서 수분이 나오기 시작하면 전분물을 조금씩 넣고 농도를 보면서 잘 섞는다.

**8** 참기름을 뿌리고 섞은 후 마무리한다.

**만능간장**

# 셀러리볶음

*Point* 셀러리는 즙을 내 먹는 것 외에는 조리법이 익숙하지 않아
구입했다가 냉장고에 방치하기 쉬운 채소다.
파기름과 만능간장을 이용해 조리하면
셀러리도 맛있는 반찬이 된다.

### 재료 (4인분)

- 셀러리 ········ 3½컵 (385g)
- 대파 ············ 2큰술 (14g)
- 만능간장 ········ ¼컵 (50g)
- 감자전분 ········ ½큰술
- 물 ·············· 3큰술
- 식용유 ·········· 4큰술
- 참기름 ·········· 1큰술

**1** 대파는 0.3cm 두께로 얇게 썬다.

**2** 셀러리는 잎을 제거하고 줄기를 1cm 두께로 썬다.

**3** 그릇에 전분과 물을 넣고 잘 섞어 둔다.

**4** 넓은 팬에 대파와 식용유를 넣고 불을 켜고 강불에서 볶는다.

**백종원의 tip**

중국식피망볶음과 마찬가지로 전분물을 활용한 조리법이다.
전분물을 넣는 타이밍은 주재료 채소에서 수분이 나온 후이다.
전분물은 만들어 놓으면 전분이 가라앉기 때문에 사용하기 직전에 다시 한 번 저어 줘야 한다. 부은 후에도 뭉치지 않게 잘 저어 줘야 한다.

**5** 대파가 노릇노릇해지면 셀러리를 넣고 섞는다.

**6** 셀러리에 만능간장을 돌려 가며 고루 넣는다.

*전분물은 붓기 직전에 한 번 더 젓기!*

**7** 셀러리에서 수분이 나오면 전분물을 조금씩 넣고 농도를 보면서 잘 섞는다.

**8** 참기름을 뿌리고 섞은 후 마무리한다.

만능간장

# 느타리버섯볶음

파기름, 만능간장, 돼지고기, 부추를 이용해
중국풍의 맛과 향을 낸 반찬이다.
버섯에서 물이 많이 나오면 맛이 없으므로
센불에서 빨리 볶는 것이 좋다.

### 🍳 재료 (4인분)

느타리버섯 ·········· 6컵(240g)
돼지고기채 ·········· ½컵(75g)
대파 ················ 2큰술(14g)
부추 ················ ½컵(15g)
만능간장 ············ ½컵(40g)
식용유 ·············· 3큰술
간 마늘 ············· ½큰술

**1** 느타리버섯은 밑동을 잘라 내고, 손으로 가닥가닥 찢는다.

**2** 부추는 4cm 길이로 썰고, 대파는 0.3cm 두께로 얇게 송송 썬다.

**3** 넓은 팬에 대파와 식용유를 넣고 불을 켜고 강불에서 대파가 노릇노릇해질 때까지 볶는다.

**4** 대파가 노릇노릇해지면 돼지고기채를 넣고 볶는다.

**5** 돼지고기가 하얗게 익으면 간 마늘을 넣는다.

**6** 간 마늘을 섞은 후, 느타리버섯을 넣고 다시 섞는다.

**7** 만능간장을 돌려 가며 고루 넣고 센불에서 볶는다.

**8** 버섯에 양념이 배고 숨이 죽으면 부추를 넣고 잘 섞어 마무리한다.

**만능간장**

# 달래간장과 김구이

*Point* 입안 가득 봄 향기가 퍼지는 달래와
감칠맛 나는 만능간장의 조합.
직화로 구운 김과 함께 먹으면 일품이다.

### 재료 (4인분)

달래 ················ 1컵 (50g)
만능간장 ·········· ½컵 (100g)
간 마늘 ············· ½ 큰술
고운 고춧가루 ······· 1큰술
굵은 고춧가루 ······· 1큰술
통깨 ················ ½ 큰술
참기름 ·············· ½ 큰술
생김 ················ 4장

## 달래간장

1. 달래는 2cm 길이로 잘게 썬다.

2. 적당한 크기의 볼에 달래를 넣는다.

3. 볼에 간 마늘, 고운 고춧가루, 굵은 고춧가루, 통깨를 넣는다.

4. 참기름을 넣어 고소한 향을 더한다.

백종원의 tip

5. 재료가 담긴 볼에 만능간장을 넣는다.

6. 넣은 재료를 잘 섞어 달래간장을 완성한다.

고춧가루, 참기름, 통깨 등의 양념은 취향에 따라 양을 가감하여 입맛에 맞게 조정해도 된다.
김구이용 김은 돌김, 파래김, 재래김 등 종류 관계없이 다 가능하다. 다만 양념이 안 돼 있는 김을 선택해서 직화로 구워 먹는 방법을 추천한다.

## 김구이

1. 조미가 되지 않은 생김을 준비한다.

2장씩 구워야 안 탄다!

2. 김을 2장씩 겹쳐서 불에 직접 구운 후 먹기 좋은 크기로 자른다.

> 만능간장

# 청포묵무침

탱글탱글한 청포묵에 감칠맛 나는
만능간장 양념장이 더해진 별미 반찬이다.

### 재료 (4인분)

청포묵 ············ 1모 (450g)
    (물 6컵 + 꽃소금 1큰술)
오이 ················ 1컵 (70g)
대파 ················ 3큰술 (21g)
만능간장 ········ ½컵 (40g)
꽃소금 ·················· 약간
식용유 ················ 2큰술
간 마늘 ················ ½큰술
황설탕 ················ ¼큰술
참기름 ················ 2큰술
깨소금 ················ 1큰술
조미 김가루 ········ ½컵

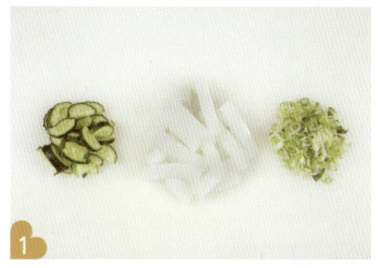

1  오이는 길게 반 갈라 0.4cm 두께로 썬다. 청포묵은 길이 5cm, 두께 1cm로 썬다. 대파는 반 갈라 0.3cm 두께로 잘게 썬다.

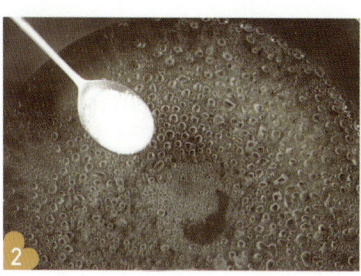

2  깊은 팬에 물을 붓고 끓인 후 꽃소금을 1큰술 넣는다.

3  끓는 소금물에 청포묵을 넣고 1분 정도 데친다.

4  물이 다시 끓어오르고 청포묵이 투명해지면 청포묵을 체로 건져 낸다.

5  넓은 팬에 식용유를 두르고 달군 후 오이와 꽃소금 아주 약간을 넣는다.

6  오이가 투명한 빛이 돌기 시작할 때까지 볶은 후 그릇에 옮겨 담아 둔다.

7  볼에 대파, 간 마늘, 황설탕, 참기름, 만능간장을 넣고 섞어서 양념장을 만든다.

8  접시에 청포묵을 담고 볶은 오이, 조미 김가루, 깨소금을 올린 후 양념장을 올려 마무리한다.

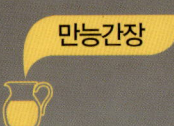 만능간장

# 두부조림

*Point* 두부조림은 손이 많이 가고, 조리 시간도 긴 메뉴 중 하나이다.
만능간장을 이용하면 번거로운 두부조림도 쉽고 간편해진다.

### 재료 (4인분)

두부 ·············· 1모 (290g)
대파 ·············· ½대 (25g)
청양고추 ·········· 1개 (10g)
만능간장 ·········· ¼컵 (50g)
간 마늘 ············ 1큰술
굵은 고춧가루 ······ 1큰술
고운 고춧가루 ······ ½큰술
물 ················ ⅔컵 (135ml)

**1** 대파와 청양고추를 0.3cm 두께로 얇게 썬다.

두부의 종류는 상관없다.

**2** 두부는 3등분한 후 1cm 두께로 자른다.

**3** 오목한 냄비에 두부를 가지런히 놓는다.

**4** 대파, 청양고추, 간 마늘, 고운 고춧가루, 굵은 고춧가루를 넣는다.

백종원의 tip

조림은 어렵게 생각할 것 없이, 주재료가 잠길 정도로 양념과 물을 붓고 시간을 들여 끓이면 된다. 마찬가지로 두부조림도 냄비에 두부와 대파, 고추, 고춧가루, 간 마늘, 만능간장, 물을 넣은 후 적당히 조리면 되는 것이다. 졸아들기 때문에 당연히 처음 간은 싱거워야 한다.

**5** 만능간장을 넣는다.

**6** 물을 넣고 불을 켜서 끓인다.

**7** 끓기 시작하면 중불에서 국물을 끼얹으며 두부에 양념이 잘 밸 때까지 조려서 마무리한다.

**만능간장**

# 잡채

Point 한국식 잡채는 재료를 하나하나 볶아서
식힌 후에 다시 무쳐야 해서, 손이 많이 가고
시간도 오래 걸리는 음식 중 하나다.
하지만 만능간장을 이용하면
당면만 미리 불려 놓으면 나머지 과정은
20~30분 안에 마칠 수 있다.

### 재료 (4인분)

- 불린 당면 ············ 480g
- 불린 목이버섯 ······· 1컵 (64g)
- 당근 ·················· 1컵 (40g)
- 양파 ·················· 2컵 (160g)
- 표고버섯 ············· 1컵 (40g)
- 대파 ·················· 1컵 (60g)
  (야채 볶기 ½컵, 당면 볶기 ½컵)
- 만능간장 ············· ½컵 (100g)
- 식용유 ··············· 4큰술
- 참기름 ··············· 4큰술
- 간 마늘 ·············· 1½큰술
- 황설탕 ··············· 2½큰술
- 후춧가루 ············· 약간
- 통깨 ················· 1큰술

뜨거운 물을 사용하면 면이 퍼져버린다.

**1** 당면은 미지근한 물에서 2~3시간 이상 불린 후 한 번 헹구고, 목이버섯도 물에 불려 준비한다.

**2** 대파는 0.3cm 두께로 송송 썰고, 크기가 큰 목이버섯은 반으로 자른다. 당근은 0.3cm 두께로 채 썰고, 양파와 표고버섯은 0.3cm 두께로 썬다.

**3** 넓은 팬에 식용유와 대파 ½컵을 넣고 불을 켠 후 강불에서 약간 노릇노릇해질 때까지 볶는다.

**4** 노릇노릇해진 파기름에 당근, 양파, 표고버섯, 목이버섯을 넣고 섞는다.

**백종원의 tip**

잡채에 들어갈 채소는 너무 오래 볶지 않도록 주의하자. 숨이 죽어버리면 식감이 좋지 않다. 목이버섯은 처음에 다른 채소들과 같이 볶아도 되고, 미리 볶지 않고 마지막에 함께 넣고 비벼도 무방하다.
잡채를 담을 때는 면을 아래에 깔고, 채소를 위에 쌓으면 먹음직스러워 보인다.

너무 숨이 죽으면 안 된다!

**5** 후춧가루를 뿌리고 겹겹의 양파가 분리되고, 채소가 익어서 숨이 살짝 죽을 때까지 볶는다.

**6** 볶은 채소를 접시에 펼쳐 담아 둔다.

**7** 넓은 팬에 대파 ½컵, 참기름 2큰술, 간 마늘을 넣고 볶는다.

**8** 파기름에서 거품이 살짝 나면 황설탕과 만능간장을 넣고 잘 섞는다.

설탕이 녹아 양념이 살짝 진득해질 때까지 볶는다.

진득해진 양념에 불려 놓은 당면을 넣는다.

당면에서 투명하게 윤기가 날 때까지.

당면이 투명한 빛이 돌 때까지 볶는다.

불을 끄고 당면이 담긴 팬에 볶아 둔 채소를 넣고 섞는다.

참기름 2큰술과 통깨를 뿌리고 잘 섞은 뒤 마무리한다.

# 집밥 2장

## 만능간장으로 만든 저장반찬

이번에는 두고두고 먹을 수 있는 저장반찬 편이다.

남녀노소 누구나 좋아하는 멸치볶음부터 몸에 좋은 뿌리채소볶음, 볶음과 조림의 경계를 넘나들며 재료의 맛을 살려내는 비법과 나물 레시피까지 모두 모았다.

**만능간장**

# 마늘종볶음

*Point* 봄이 제철인 마늘종을 저장해 두고 먹을 수 있도록 만든 조리법이다.
파기름을 내고 만능간장으로 볶기만 하면
매콤하면서도 달콤한 마늘종볶음이 완성된다.

### 재료 (4인분)

마늘종 ········· ½단 (350g)
대파 ············ 1큰술 (7g)
만능간장 ······· ¼컵 (50g)
식용유 ·············· 1큰술
깨소금 ·············· 1큰술

**1** 마늘종은 꽁지를 잘라 내고 4cm 길이로 썬다.

**2** 대파는 0.3cm 두께로 얇게 썬다.

**3** 넓은 팬에 식용유와 대파를 넣고 불을 켜고 강불에서 대파가 노릇해질 때까지 볶는다.

**4** 대파가 노릇노릇해지면 중불로 줄이고 마늘종을 넣고 투명한 빛이 돌기 시작할 때까지 볶는다.

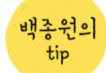

참기름이나 들기름의 향을 원한다면 접시에 담기 직전에 살짝 뿌리고 섞어 주면 된다.
조림이나 볶음을 할 때 팬의 깊이는 재료가 익는 속도에 맞게 선택해야 한다. 마늘종처럼 금방 익는 것은 증발 속도가 빠른 넓은 팬이 좋다. 반면 감자나 우엉처럼 오래 익혀야 하는 재료를 쓸 때는 깊은 팬을 쓰는 것이 좋다.

**5** 마늘종이 익어서 투명한 빛이 돌기 시작하면 강불에서 만능간장을 돌려 가며 넣는다.

**6** 팬을 앞뒤로 흔들며 국물이 거의 다 졸아들 때까지 볶는다.

**7** 깨소금을 뿌려 잘 섞은 뒤 마무리한다.

만능간장

# 멸치볶음

Point 한국인의 국민 반찬 멸치볶음.
설탕 코팅을 한 기본멸치볶음에서 시작해
간장멸치볶음을 거쳐 고춧가루멸치볶음으로
3단 변신하는 멸치볶음 조리법이다.

### 재료 (4인분)

잔멸치 ············ 2컵(80g)
대파 ············· 2큰술(14g)
청양고추 ········ 2개(20g)
황설탕 ············ 1큰술

## 기본멸치볶음

**1** 대파는 길게 반 가른 후 0.3cm 두께로 얇게 썬다.

**2** 청양고추는 0.3cm 두께로 송송 썬다.

**3** 멸치는 체에 걸러 불순물을 제거한다.

*살짝 바삭한 정도까지만 볶기.*

**4** 넓은 팬에 식용유 없이 멸치만 넣고, 약불에서 볶으며 비린내를 날려 준다.

**5** 대파를 넣고 살짝 볶아 습기를 날린다.

**6** 청양고추를 넣고 섞어 매콤한 맛을 더한다.

*설탕 양은 취향에 따라 조절 가능!*

**7** 황설탕을 넣은 후 멸치에 설탕 코팅이 될 때까지 볶으면 기본멸치볶음이 완성된다.

### 기본멸치볶음 + 만능간장

기본멸치볶음에 만능간장 ½컵을 넣고 고루 섞어가며 볶으면 간장멸치볶음이 된다.

### 기본멸치볶음 + 만능간장 + 고춧가루

기본멸치볶음에 만능간장 ½컵을 넣고 고루 섞어 가며 볶는다.

고운 고춧가루 1큰술과 간 마늘 ½큰술을 넣고 섞는다.

물 2큰술을 넣어 뻑뻑해진 양념을 풀어 주며 볶는다.

### 멸치볶음 마무리 방법

참기름 2큰술을 넣고 살짝 볶아 윤기를 내 준다.

통깨 1큰술을 넣고 잘 섞어 마무리한다.

**백종원의 tip**

참기름과 통깨를 뿌리는 마무리 방법은 기본멸치볶음, 만능간장 추가한 멸치볶음, 만능간장과 고춧가루를 추가한 멸치볶음 등 모든 종류의 멸치볶음의 마무리로 활용 가능하다.

# 감자볶음

**Point** 만능간장을 활용하여 간단히 만들 수 있는 감자볶음 조리법이다.
말린 홍고추를 넣어 매콤한 향과 붉은 색감을 살렸다.

### 재료 (4인분)

감자 ············ 3컵 (300g)
대파 ············ 2큰술 (14g)
말린 홍고추 ····· 1개 (4g)
만능간장 ········ ⅓컵 (40g)
식용유 ·········· 2큰술
간 마늘 ········· ½큰술
물 ·············· 4큰술

**1** 대파는 0.3cm 두께로 얇게 썰고, 말린 홍고추는 가로로 0.5cm 두께로 자른다. 감자는 4등분한 후 0.4cm 두께로 나박나박 썬다.

**2** 넓은 팬에 식용유를 두른 후 대파를 넣고 불을 켜고 강불에서 살짝 볶는다.

**3** 말린 홍고추를 넣고 함께 볶아서 고추 향을 더한 파기름을 낸다.

**4** 대파가 노릇노릇해지면 감자를 넣고 섞는다.

**5** 간 마늘, 물, 만능간장을 넣고 잘 섞는다.

**6** 중불로 줄인 후 감자가 먹기 좋게 익을 때까지 볶아서 마무리한다.

백종원의 tip

감자는 단단해서 오래 익혀야 하는 재료지만, 얇게 썰면 조리 시간을 줄일 수 있다. 같은 감자 요리라도 얇게 썰어서 금방 익힐 때는 넓은 팬을 사용하고, 두껍게 썰어 오래 익힐 때는 수분 증발량이 적은 깊은 팬을 사용하면 된다.

만능간장

# 어묵감자볶음

♪ Point  어묵과 감자처럼 익는 속도가 다른 재료들을 함께 익히기 위해 고안해 낸 조림 같은 볶음 조리법이다. 물을 충분히 넣고 조려서 타는 것도 막고 양념도 잘 배게 하는 것이 포인트다.

### 재료 (4인분)

- 사각어묵 ········· 3장 (158g)
- 감자 ············· 2컵 (200g)
- 당근 ············· ½컵 (30g)
- 양파 ············· ½개 (80g)
- 청양고추 ········· 1개 (10g)
- 대파 ············· ½대 (50g)
- 만능간장 ········· ¼컵 (50g)
- 간 마늘 ··········· ½큰술
- 물 ··············· 1컵 (180ml)
- 고운 고춧가루 ····· 1큰술
- 참기름 ··········· ½큰술

**1** 어묵은 반으로 가른 후 2cm 길이로 썬다.

**2** 대파와 청양고추는 0.5cm 두께로 송송 썬다. 양파는 사방 2cm 크기로 사각썰기하고 당근과 감자는 0.4cm 두께로 나박나박 썬다.

**3** 깊은 팬에 만능간장과 물을 넣고 섞는다.

**4** 고운 고춧가루와 간 마늘을 넣고 잘 섞는다.

백종원의 tip

어묵은 너무 오래 익히면 흐물흐물해지기 때문에 볶는 것이 보통이지만 조리면 더 맛있다. 그래서 먼저 익는 어묵이 타지 않도록 물을 충분히 넣고 조린다. 익는 속도가 다른 여러 가지 재료를 섞어서 조리하고 싶을 때 응용할 수 있는 조리법이다.

**5** 섞어 둔 양념물에 감자, 당근, 어묵, 양파를 넣고 강불에서 끓인다.

**6** 끓기 시작하면 중불로 줄이고 재료를 잘 저으며 국물이 거의 없어질 때까지 조린다.

**7** 국물이 거의 없어지면 대파와 청양고추를 넣고 잘 섞어 향을 더한다.

**8** 참기름을 넣고 한 번 더 섞어서 마무리한다.

 만능간장

# 고사리볶음

**Point** 만능간장은 나물을 만들 때도 활용 가능하다.
나물과 잘 어울리는 들기름에 조리듯 오래 볶아서
비린내가 나지 않는 고사리볶음 조리법이다.

### 재료 (4인분)

- 불린 고사리 ········ 3컵 (210g)
- 대파 ················ 2큰술 (14g)
- 만능간장 ··········· $\frac{1}{4}$컵 (50g)
- 쌀뜨물 ············· $\frac{1}{2}$컵 (90ml)
- 간 마늘 ············· 1큰술
- 들기름 ············· 4큰술

**1** 대파는 길게 반 갈라 0.3cm 두께로 얇게 썬다.

**2** 물에 불린 고사리를 5cm 길이로 썬다.

**3** 넓은 팬에 들기름, 대파, 간 마늘을 넣은 후 불을 켜고 볶는다.

**4** 파기름에서 거품이 날 때까지 볶는다.

**백종원의 tip**

고사리볶음의 포인트는 쌀뜨물을 붓고, 볶음이지만 조림처럼 충분히 끓이는 것이다. 쌀뜨물은 재료의 맛을 하나로 모아 주는 역할을 한다. 충분히 조리지 않으면 양념이 겉돌아서 맛이 덜할 수 있으므로 수분이 거의 없어질 때까지 충분히 조려야 한다.

**5** 파기름에서 거품이 나기 시작하면 고사리를 넣고 섞는다.

**6** 만능간장을 넣는다.

**7** 쌀뜨물도 함께 넣고 중불에서 양념이 충분히 배도록 볶는다.

**8** 수분이 거의 없어질 때까지 충분히 조려서 마무리한다.

만능간장

# 꽈리고추조림

Point 꽈리고추와 청양고추는 음식의 맛을 한 단계 올려주는 식재료다.
다른 것 없이 이 두 가지 고추에 만능간장만 넣고
뚝딱 만들어 먹을 수 있는 반찬이다.

**재료 (4인분)**

꽈리고추 ········ 7개 (42g)
청양고추 ········ 1개 (10g)
만능간장 ········ ⅓컵 (50g)
물 ··············· ⅓컵 (45ml)

**1** 꽈리고추의 꼭지를 따 둔다.

**2** 꼭지를 딴 꽈리고추는 2cm 길이로 썰고, 청양고추는 0.3cm 두께로 송송 썬다.

**3** 뚝배기에 꽈리고추와 청양고추를 담는다.

**4** 고추가 담긴 뚝배기에 만능간장을 넣는다.

물은 자박자박한 정도!

**5** 물을 넣은 후 불을 켜고 끓인다.

**6** 꽈리고추가 익어서 고추의 매콤한 향이 우러나올 때까지 끓여서 완성한다.

**백종원의 tip**

물을 넣지 않고 만능간장만 넣고 조리면 맛이 짜다. 짠맛의 꽈리고추조림은 누룽지나 물에 만 밥과 잘 어울린다. 그러나 평범한 맨밥과 함께 먹을 반찬이라면 물을 넣고 조려야 염도가 맞다.

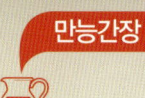
만능간장

# 감자조림

Point 감자에 만능간장과 설탕, 물을 넣고 조리기만 하면 되는 요리다.
초록색 고추와 주황색 당근을 넣어 색감을 살려 주면
더 먹음직스럽게 만들 수 있다.

### 재료 (4인분)

- 감자 ············ 4컵 (540g)
- 당근 ············ 1컵 (90g)
- 꽈리고추 ········ 7개 (42g)
- 청양고추 ········ 1개 (10g)
- 쪽파 ············ 3큰술 (12g)
- 만능간장 ········ ⅓컵 (70g)
- 물 ·············· 2컵 (360ml)
- 황설탕 ·········· 2큰술

**1** 당근은 사방 1cm, 감자는 사방 1.5cm 크기의 주사위 모양으로 썬다.

**2** 청양고추와 쪽파는 0.3cm 두께로 얇게 썰고, 꼭지를 제거한 꽈리고추는 반으로 썬다.

조리기 전의 간은 싱겁게.

**3** 깊은 팬에 물과 만능간장을 넣는다.

**4** 양념물에 황설탕을 넣는다.

**백종원의 tip**

조림에 꽈리고추를 넣으면 간장의 향이 좋아지고, 청양고추를 넣으면 매콤한 맛이 더해진다.
조림에 고추를 넣을 때는 주재료가 다 익은 후에 불을 끄고 넣어야 식감과 향을 살릴 수 있다.
이렇게 향을 낸 고추는 따로 건져 낸 후 참기름이나 고춧가루를 넣고 무쳐서 반찬으로 활용할 수도 있다.

**5** 양념물에 감자와 당근을 넣는다.

**6** 불을 켜고 강불에서 국물이 반 이상 줄 때까지 조린다.

**7** 국물이 반 이상 줄면 불을 끄고 꽈리고추와 청양고추를 넣고 섞는다.

**8** 꽈리고추와 청양고추를 잔열로 익힌 후 쪽파를 뿌려 낸다.

만능간장

# 우엉조림

*Point* 변비와 다이어트에 효과가 있는 우엉을
만능간장에 조려서 만든 반찬이다.
소량의 생강을 추가하면 일본식 조림의 맛을 낼 수 있다.

### 🔴 재료 (4인분)

- 우엉채 ········· 3컵 (180g)
- 청양고추 ········ 1개 (10g)
- 만능간장 ········ ⅓컵 (70g)
- 물 ············ 1컵 (180ml)
- 황설탕 ········· 2½큰술
- 참기름 ·········· 2큰술
- 간 생강 ·········· 약간

1. 우엉채는 미리 물에 담가 둔다.

2. 청양고추는 0.3cm 두께로 어슷 썰고, 우엉채는 물에 헹군 뒤 7~8cm 길이로 썬다.

3. 깊은 팬에 만능간장과 물을 넣는다.

4. 양념물에 황설탕을 넣고 섞는다.

5. 양념물을 잘 섞은 후 우엉채를 넣는다.

6. 생강을 넣고 중불에서 국물이 반 이상 줄 때까지 조린다.

**백종원의 tip**

시판용 우엉채는 갈변을 막기 위해 식초물에 보관하기 때문에 그대로 조리하면 신맛이 날 수 있으므로 조리 전에 물에 담가 두거나 헹궈서 사용하는 것이 좋다.

7. 국물이 반 이상 줄면, 불을 끄고 청양고추를 넣은 후 잔열로 익힌다.

8. 참기름을 넣고 잘 섞어서 마무리한다.

# 연근조림

point 연근이나 당근 같은 뿌리채소는 영양이 풍부하지만
조리 방법이 마땅치 않아 자주 안 먹게 된다.
이런 뿌리채소를 만능간장에 조리면
저장해 두고 먹을 수 있는 맛있는 밑반찬이 된다.

### 재료 (4인분)

자숙 연근 ········· 3컵 (300g)
당근 ················ ½개 (90g)
만능간장 ········· ⅔컵 (약 130g)
물 ··················· 5컵 (900ml)
황설탕 ·············· 4큰술
간 마늘 ············· ½큰술
식용유 ············· ½큰술

**1** 자숙 연근은 물에 한 번 헹궈 둔다. 당근은 사방 1.5cm 크기의 주사위 모양으로 썬다.

**2** 깊은 팬에 물과 만능간장을 넣는다.

**3** 양념물에 간 마늘을 넣는다.

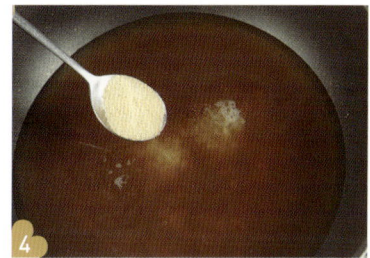

**4** 양념물에 황설탕을 넣는다.

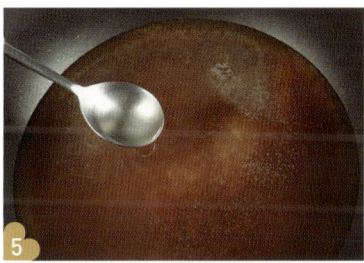

**5** 양념물에 식용유를 넣고 섞는다.

**6** 잘 섞인 양념물에 연근을 넣고 중불에서 25분 정도 조린다.

**7** 당근을 넣고 10분 정도 더 조린 후 마무리한다.

**백종원의 tip**

조림 양념에 식용유를 넣으면 음식에 윤기가 더해진다. 시판용 자숙 연근은 포장만 뜯어서 그대로 사용해도 되지만, 재래시장에서 파는 염장 연근을 사용할 때는 한 번 삶아서 짠맛을 빼 주어야 한다.

 만능간장

# 무조림

**Point** 고춧가루를 넣어 빨갛게 조린 한식 무조림이다.
진한 시골 무조림 맛을 원한다면
건새우나 멸치를 넣고 함께 조리면 된다.

### 재료 (4인분)

- 무 ·················· 3컵 (360g)
- 대파 ················ 1컵 (60g)
- 만능간장 ············ ⅓컵 (65g)
- 물 ·················· 5컵 (900ml)
- 간 마늘 ············· 1큰술
- 황설탕 ·············· ½큰술
- 굵은 고춧가루 ······· 3큰술

1. 무는 1.5cm 두께로 썬 후 4등분한다.

2. 대파는 1cm 두께로 송송 썬다.

3. 깊은 팬에 물을 넣고 끓인 후 간 마늘을 넣는다.

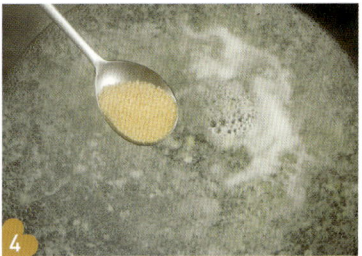

4. 양념물에 황설탕을 넣는다.

**백종원의 tip**

무를 얇게 썰어서 조리 시간을 줄였다. 두툼한 무의 식감을 즐기고 싶다면 더 두껍게 썰어서 더 오래 끓이면 된다.

5. 양념물에 만능간장을 넣는다.

6. 양념물을 잘 섞은 뒤 무를 넣는다.

7. 굵은 고춧가루를 넣고 섞는다.

8. 끓기 시작하면 파를 넣고 중불에서 25분 정도 조린다.

9. 국물이 자작한 정도로 줄고, 무가 익을 때까지 조려서 마무리한다.

만능간장

# 일본식무조림

**Point** 만능간장과 편 생강, 청양고추, 대파로
기본 맛을 낸 일본식무조림이다.
조리가 끝나면 맛내기용 채소는 건져 내고
깔끔하게 내는 것이 좋다.

### 재료 (4인분)

- 무 ·················· 3컵 (360g)
- 청양고추 ············ 3개 (30g)
- 꽈리고추 ············ 6개 (36g)
- 대파 ················ 1대 (100g)
- 만능간장 ········· ⅔컵 (약 130g)
- 물 ··················· 5컵 (900ml)
- 생강 ····················· 15g
- 간 마늘 ················· 1큰술
- 황설탕 ················· 1½큰술

1. 무는 1.5cm 두께로 썬 후 4등분하고, 꽈리고추는 2~3등분하고, 청양고추는 2등분한다. 생강은 0.4~0.5cm 두께로 편 썬다. 대파는 6~7cm 길이로 썬다.

2. 깊은 팬에 물을 넣고 끓인 후 간 마늘과 황설탕을 넣는다.

3. 양념물에 만능간장을 넣는다.

4. 양념물을 잘 섞은 후 무를 넣는다.

**백종원의 tip**

일본식 조림의 맛을 내는데 빠질 수 없는 재료가 바로 편 생강이다. 이때 생강을 너무 얇게 썰면 나중에 건져내기가 힘들고, 너무 두꺼우면 맛이 덜 나오므로 0.4~0.5cm 정도 두께로 썰어야 적당하다.

5. 편 생강, 청양고추, 대파를 넣고 강불에서 끓인다. 끓기 시작하면 중불로 줄이고 25분 정도 조린다.

6. 무가 완전히 익으면 꽈리고추를 넣는다.

*꽈리고추는 잔열로도 충분히 익는다.*

7. 꽈리고추와 무를 잘 섞은 뒤 바로 불을 끈다.

8. 편 생강, 청양고추, 대파를 건져 내고 접시에 담아낸다.

# 깻잎찜

*Point* 양념한 깻잎을 살짝 익혀 주면 특유의 향도 진해지고,
까끌까끌한 식감도 사라져 먹기 좋아진다.
찜기에 찌는 번거로움 없이 간편하게 만드는 깻잎찜 조리법이다.

### 재료 (4인분)

- 깻잎 ············ 40장 (80g)
- 양파 ············ 1½컵 (75g)
- 당근 ············ 1컵 (40g)
- 대파 ············ ½컵 (25g)
- 만능간장 ········ ½컵 (70g)
- 간 마늘 ·········· 1큰술
- 굵은 고춧가루 ···· 2큰술
- 통깨 ············ 1큰술

**1** 당근은 길이 5cm 두께 0.3cm로 채 썰고, 양파는 0.3cm 두께로 썬다. 대파는 0.3cm 두께로 얇게 송송 썬다.

**2** 볼에 당근, 양파, 대파, 간 마늘을 넣는다.

**3** 채소가 담긴 볼에 굵은 고춧가루, 통깨, 만능간장을 넣고 잘 섞어서 양념을 만든다.

**4** 전자레인지용 그릇에 깻잎을 2~3장씩 겹쳐 놓고 만들어 둔 양념을 바른다.

숨구멍!

**5** 깻잎이 담긴 그릇에 랩을 씌운 후 젓가락으로 3~4번 찌른다.

**6** 깻잎이 담긴 그릇을 전자레인지에 넣고 2~3분 정도 익혀서 완성한다. 전자레인지 성능에 따라 익는 시간은 다를 수 있다.

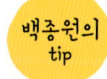

백종원의 tip

깻잎에 양념을 바를 때 한 장 한 장 바르지 말고, 두세 장에 한 번씩만 바르자. 이렇게만 발라도 전자레인지에서 익는 동안 양념이 배게 되어 있다.
그릇에 깻잎을 놓을 때 꼭지의 방향을 교차해서 다른 곳을 향하게 하면 나중에 떼어 먹기 편하다.

# 집밥 3장

## 한국인이 사랑하는 매일집밥

**만들기도 쉽고 매일 먹어도
질리지 않는 기본 집밥 메뉴**

김치, 생선통조림, 오징어, 콩나물 등
누구네 집 냉장고에나 있는 평범한 재료를 이용해
온 식구가 즐겁게 먹을 수 있는
매일집밥 메뉴를 소개한다.

# 김치전

*point* 맛있는 김치전을 원한다면 세 가지만 기억하자.
첫째 부침가루는 김치 양의 절반으로.
둘째 반죽은 약간 질게.
셋째 기름을 넉넉히 두르고 튀기듯이 부칠 것.

### 재료 (4인분)

김치 ············ 4컵 (520g)
부침가루 ········ 1½컵 (165g)
물 ············· 1컵 (180ml)
고운 고춧가루 ···· 1큰술
식용유 ·········· 6큰술

**1** 볼에 김치를 담고 가위로 2cm 길이로 자른다.

*김치가 시다면 설탕 추가!*

**2** 김치가 담긴 볼에 부침가루를 넣는다.

*김치 색깔에 따라 고춧가루 양 가감!*

**3** 고운 고춧가루를 넣어 색감을 더한다.

**4** 반죽에 물을 붓고 잘 섞는다.

**백종원의 tip**

달걀은 비린 맛을 낼 수 있기 때문에 넣지 않는 것이 좋다. 삶은 오징어, 간 돼지고기, 참치캔 등을 추가해도 좋다. 이 때 추가 재료의 양은 김치의 3분의 1 정도가 적당하다. 청양고추를 쓰고 싶다면 고명으로 올리지 말고 잘게 썰어서 처음부터 반죽에 넣는 것이 매운맛을 잘 살릴 수 있는 방법이다.
크기가 큰 전을 뒤집는 것이 부담스럽다면 작게 부치면 된다.

**5** 반죽의 색깔과 농도를 확인하고 물이나 고운 고춧가루를 더한다. 반죽은 약간 진 것이 좋다.

**6** 넓은 팬에 식용유를 두르고 센불로 뜨겁게 달군다.

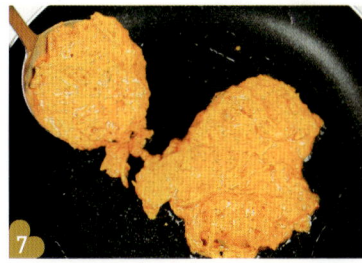

**7** 달궈진 팬에 반죽을 1~2 국자 넣고 얇게 편 후 중불로 줄인 후 튀기듯이 부친다.

**8** 한쪽 면이 익으면 뒤집개로 김치전을 살짝 들어서 기름을 안쪽으로 넣은 후 뒤집어서 먹기 좋게 익혀 완성한다.

# 돼지고기 김치찌개

*Point* 김치찌개를 맛있게 끓이려면 기름 맛을 잘 우려내야 한다.
그래서 쌀뜨물에 고기를 넣고 오래 끓여서
돼지고기의 지방을 충분히 우려내는 방법을 사용하였다.

### 재료 (4인분)

- 돼지고기 (목살) ········ 1컵 (130g)
- 김치 ···················· 3컵 (390g)
- 쌀뜨물 ············· 2⅖컵 (480ml)
- 청양고추 ············· 2개 (20g)
- 대파 ············· ⅗대 (약 70g)
- 간 마늘 ················· 1큰술
- 굵은 고춧가루 ··········· 1큰술
- 고운 고춧가루 ········· ½큰술
- 국간장 ··················· 1큰술
- 새우젓 ··················· 1큰술

**1** 대파는 1cm 두께로, 청양고추는 0.3cm 두께로 송송 썬다.

**2** 돼지고기는 두께 1.5cm, 길이 5cm로 썬다.

**3** 냄비에 돼지고기를 넣는다.

*쌀뜨물이 없다면 물!*

**4** 돼지고기가 담긴 냄비에 쌀뜨물을 붓는다.

*오래 끓일수록 깊은 맛이 난다.*

**5** 불을 켜고 중불에서 돼지고기가 익을 때까지 끓여서 육수를 만든다.

**6** 돼지고기를 우려낸 국물에 김치를 넣는다.

**7** 대파, 청양고추, 간 마늘을 넣는다.

**8** 굵은 고춧가루와 고운 고춧가루를 넣어 색감을 낸다.

국간장을 넣어 향을 살린다.

새우젓을 넣어 간을 맞춘다.

김치가 푹 익을 때까지 중불로 끓여서 완성한다.

**백종원의 tip**

김치와 돼지고기의 비율은 3:1로 하였다. 이는 취향에 따라 조정할 수 있다.
찌개의 간은 '국간장+새우젓'이나 '국간장+소금', '김치국물+소금' 등 두 가지를 섞어서 하는 것이 좋다. 여기서는 국간장과 새우젓을 사용했다.
된장을 추가하면 묵직한 감칠맛이 더해진다. 된장은 고기를 끓이는 쌀뜨물에 넣어도 되고 마지막에 넣어도 된다. 양은 ½큰술 정도가 적당하다.
마지막에 홍고추를 고명으로 넣어도 좋다.

# 들기름달걀프라이

### 재료 (4인분)

달걀 ············ 7개
들기름 ········ 4큰술
국간장 ········ 2큰술

1. 볼에 달걀 7개를 깨 둔다. 이때 노른자가 깨지지 않게 주의한다.

2. 넓은 팬에 들기름을 듬뿍 두르고 센불에서 달군다.

3. 달궈진 팬에 깨 놓은 달걀을 붓고 익힌다.

4. 국간장으로 간을 하고 반숙 정도로 익혀서 낸다.

# 통조림생선구이

*Point* 생물 생선으로 구이를 하면 손질도, 속까지 익히기도 어렵고
집안에 비린내와 연기가 가득하기 일쑤다.
통조림을 이용하면 이런 어려움 없이 쉽게 생선구이를 즐길 수 있다.

### 재료 (4인분)

- 고등어통조림 ······ 1캔 (400g)
- 꽁치통조림 ········ 1캔 (400g)
- 식용유 ············· 2컵 (360ml)
- 튀김가루 ·········· 2½컵 (250g)
- 꽃소금 ············· ½큰술
- 후춧가루 ·········· 약간

1. 생선통조림의 내용물을 체에 밭쳐 국물을 걸러 낸다.

2. 큰 볼에 튀김가루를 붓는다.

3. 체에 밭쳐 두었던 생선에 튀김가루를 입힌다. 생선에 물기가 남지 않도록 꼼꼼히 입혀야 한다.

4. 넓은 팬에 식용유를 붓고 센불로 달군다.

**백종원의 tip**

생물 생선은 속까지 잘 익지 않아 약불에서 장시간 익혀야 하지만 생선통조림은 이미 한 번 익힌 것이라 센불에서 튀기듯 익히면 된다.
튀김가루 대신 밀가루를 사용해도 된다.
꽃소금 대신 양념간장을 함께 내도 좋다.

5. 달궈진 식용유에 튀김가루를 입힌 생선을 넣고 튀기듯 굽는다.

6. 생선의 앞뒤가 노릇하게 익을 때까지 뒤집어가며 익힌다.

7. 노릇노릇하게 익은 생선을 키친타월 위에 올려 기름을 뺀다.

8. 꽃소금에 후춧가루를 넣고 섞어서 구운 생선과 함께 낸다.

# 고등어감자조림

**Point** 일반적으로 생선조림에는 무를 넣는다.
그러나 조리과정이 짧은 통조림생선조림에는
금방 익고 양념도 잘 배는 감자를 얇게 썰어 넣는 것이
더 잘 어울린다.

### 재료 (4인분)

| | |
|---|---|
| 고등어통조림 | 1캔 (400g) |
| 감자 | 1½개 (270g) |
| 양파 | 1개 (250g) |
| 대파 | ⅔대 (약 70g) |
| 청양고추 | 3개 (30g) |
| 물 | 통조림 1캔 양 (410ml) |
| 간 마늘 | 1큰술 |
| 고추장 | 1큰술 |
| 굵은 고춧가루 | 3큰술 |
| 진간장 | 4큰술 |
| 황설탕 | 1큰술 |
| 간 생강 | 약간 |
| 참기름 | 1큰술 |

1 대파와 청양고추를 0.3cm 두께로 얇게 송송 썰고, 감자와 양파는 1cm 두께로 썬다.

2 깊은 팬에 감자를 겹겹이 깐다.

3 감자 위에 양파를 올리고 통조림 고등어를 국물까지 통째로 붓는다.

4 젓가락으로 고등어를 반으로 가르고 가시를 발라낸다. 고등어의 살 부분이 아래로 가도록 뒤집은 후 불을 켠다.

5 대파, 청양고추, 간 마늘을 넣는다.

6 간 생강을 넣어 풍미를 더한다.

7 고추장과 굵은 고춧가루를 넣는다.

8 황설탕을 넣어 감칠맛을 더한다.

진간장으로 간을 한다.

통조림 1캔 분량의 물을 부어 재료가 잠길듯 말듯 하게 한다.

참기름을 넣어 향을 더한다.

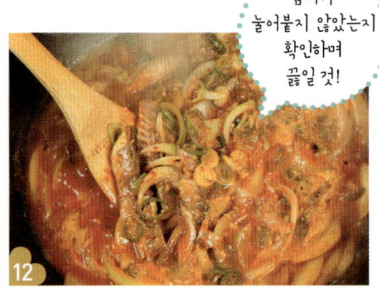
국물이 졸아들고 고등어에 간이 밸 때까지 중 불로 끓여 완성한다.

감자가 눌어붙지 않았는지 확인하며 끓일 것!

**백종원의 tip**

고등어를 반으로 갈라 뼈를 미리 발라내면 먹기 좋다. 반으로 가른 고등어의 안쪽이 팬의 아래쪽과 닿도록 놓으면 양념이 더 잘 밴다.
찌개에 들어가는 모든 양념의 양에는 정답이 없다. 취향에 따라 간이 모자라면 간장을 더 넣고, 색감이 약하면 고춧가루를 더 넣고, 짜다면 물을 좀 더 넣고 끓이면 되는 것이다.

# 고등어김치찜

*Point* 고등어는 비린내가 강한 생선이지만,
기름이 많아 잘만 조리하면
다른 생선보다 풍부한 맛을 느낄 수 있다.
고등어의 비린 맛을 김치로 잡아낸 고등어김치찜이다.

### 재료 (4인분)

- 김치 ·················· 2컵 (260g)
- 고등어통조림 ········· 1캔 (400g)
- 양파 ·················· 1개 (250g)
- 대파 ·················· 1대 (약 70g)
- 청양고추 ·············· 3개 (30g)
- 물 ········· 통조림 1캔 양 (410ml)
- 간 마늘 ··················· 1큰술
- 된장 ······················ 1큰술
- 굵은 고춧가루 ············ 3큰술
- 진간장 ···················· 2큰술
- 황설탕 ···················· 1큰술

1. 청양고추와 대파를 0.3cm 두께로 얇게 썰고, 양파를 0.5cm 두께로 썬다.

2. 깊은 팬에 김치를 먼저 깐다.

3. 김치 위에 통조림 고등어를 국물까지 통째로 붓는다.

4. 젓가락으로 고등어를 반으로 가르고 가시를 발라낸다. 고등어의 살 부분이 아래로 가도록 뒤집은 후 불을 켠다.

**백종원의 tip**

고등어감자조림에서 감자 대신 김치를, 고추장 대신 된장을 넣는 것만 달라졌다고 보면 된다. 된장이 들어갔기 때문에 생강은 넣지 않아도 된다.
김치와 고등어는 비슷한 양을 사용하였으나, 취향에 따라 조절 가능하다.

5. 고등어 위에 썰어 둔 양파를 올리고 황설탕, 간 마늘, 굵은 고춧가루, 된장을 넣는다.

6. 진간장으로 간을 한다.

7. 대파와 청양고추를 넣은 후 통조림 1캔 분량의 물을 붓고 끓인다.

8. 국물이 졸아들어 고등어에 간이 밸 때까지 중불로 끓여 완성한다.

# 일본식꽁치조림

*point* 생강과 간장으로 꽁치의 비린 맛을 잡아내고
일식 스타일의 맛을 낸 꽁치조림이다.

### 재료 (4인분)

꽁치통조림 ····· 1캔 (400g)
편 생강 ········ 5조각 (10g)
청양고추 ········ 1개 (10g)
꽈리고추 ········ 10개 (60g)
홍고추 ········· 1개 (10g)
물 ············· ¼컵 (60ml)
맛술 ············ ¼컵 (60ml)
황설탕 ·········· 2 큰술
진간장 ·········· ¼컵 (60ml)
식용유 ·········· 1큰술

**1** 꽈리고추는 2등분하고, 생강은 0.3cm 두께로 편 썬다. 홍고추는 0.5cm 두께로, 청양고추는 0.3cm 두께로 송송 썬다.

**2** 꽁치통조림 내용물을 체에 받쳐 국물을 걸러낸다.

**3** 깊은 팬에 편 썬 생강을 깐다.

**4** 생강이 담긴 팬에 황설탕을 넣는다.

**5** 진간장을 넣어 일본식 조림의 향을 낸다.

**6** 맛술과 물을 넣은 후 잘 섞는다.

**7** 체에 받쳐 둔 꽁치를 양념물에 넣고 불을 켜고 강불에서 끓인다.

**8** 국물이 자작해지면 청양고추를 넣어 향을 살린다.

9. 식용유를 넣어 윤기를 낸다.

10. 꽈리고추를 넣어 향을 더한다.

*꽈리고추 대신 마늘종 사용 가능.*

11. 꽁치를 뒤집어 가며 국물이 거의 없어질 때까지 조린다.

12. 국물이 거의 없어지면 홍고추를 넣고 팬을 흔들어 섞어서 마무리한다.

**백종원의 tip**

통조림 꽁치는 이미 한번 익혔기 때문에 오래 익힐 필요가 없다. 겉만 살짝 익힌다는 기분으로 조리하면 된다.
생강은 얇게 썰어야 맛이 빨리 우러나온다.
조린 고추와 꽁치를 함께 먹으면 더욱 맛있다. 취향에 따라 고추를 더 많이 넣고 조리해도 된다.

# 건새우볶음

**1** 청양고추와 대파를 0.3cm 두께로 송송 썬다.

**2** 건새우를 체에 받쳐 불순물을 털어 낸다.

### 재료 (4인분)

건새우 ········ 1½컵 (45g)
대파 ·········· 2큰술 (14g)
청양고추 ······ 3개 (30g)
식용유 ············· 1큰술
황설탕 ············· ½큰술
꽃소금 ············· ½큰술

**3** 넓은 팬에 식용유를 두른 후 건새우, 황설탕, 꽃소금을 넣고 볶는다.

**4** 건새우에 황설탕과 꽃소금이 잘 어우러지면 대파와 청양고추를 넣고 한 번 더 볶아서 완성한다.

# 압력밥솥 콩나물밥

**Point** 가정용 전기압력밥솥을 이용하면서도 콩나물의 볼륨감, 식감, 향을 모두 살릴 수 있는 조리법을 소개한다.

### 재료 (4인분)

쌀 ············ 3컵 (480g)
콩나물 ········ 3컵 (210g)
( 물 3컵 + 꽃소금 약간 )

### 양념장

대파 ············ ½대 (50g)
청양고추 ········ 2개 (20g)
홍고추 ·········· ½개 (5g)
진간장 ·········· ¾컵 (135ml)
황설탕 ·········· 1큰술
깨소금 ·········· 1½큰술
간 마늘 ········· ½큰술
참기름 ·········· 1큰술

**백종원의 tip**

콩나물을 데치는 물의 양을 가늠하기 어렵다면 밥물을 잡아보고, 같은 양으로 하면 된다.
취향에 따라 양념장에 고춧가루나 마늘종을 넣어도 좋다. 밥을 비빌 때 버터를 조금 넣으면 풍미가 배가된다.

**1** 콩껍질을 제거한 콩나물과 쌀을 씻어 둔다.

**2** 냄비에 물을 붓고 끓인 후 꽃소금을 넣는다.

뚜껑은 열거나 닫거나 하나만!

**3** 콩나물을 넣고 물이 다시 끓어오른 후 2~3분간 더 끓인다.

**4** 콩나물 데친 물은 따로 담아서 식혀 둔다. 데친 콩나물은 찬물로 헹군 뒤 물기를 빼 둔다.

콩나물 데친 물을 식혀서 사용.

**5** 전기압력밥솥에 쌀과 콩나물 데친 물을 넣고 밥을 안친다.

**6** 대파, 청양고추, 홍고추를 길게 반 가른 후 0.3cm 두께로 썰어 볼에 넣는다.

**7** 황설탕, 깨소금, 간 마늘, 진간장, 참기름을 넣고 섞어서 양념장을 만든다.

**8** 취사가 완료된 밥에 데친 콩나물을 넣고 섞는다. 밥을 그릇에 담고 양념장과 함께 낸다.

# 콩나물무침

**point** 간단해 보이면서도 의외로 맛내기가 어려운 것이 콩나물무침이다.
기본 맛은 마늘과 참기름으로 내고,
나머지 재료는 취향에 따라 선택하면 된다.

### 재료 (4인분)

콩나물 ……… 3컵 (210g)
（물 3컵 + 꽃소금 약간）
간 마늘 ……… ½큰술
꽃소금 ……… ½큰술
깨소금 ……… 1큰술
참기름 ……… ½큰술

## 기본콩나물무침

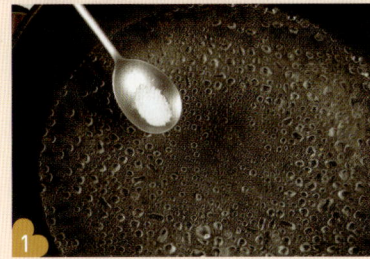

**1** 냄비에 물을 붓고 끓인 후 꽃소금을 넣는다.

**2** 콩나물을 넣고 물이 다시 끓어오른 후 2~3분간 더 끓인다.

**3** 데친 콩나물을 찬물로 헹구고 체에 밭쳐 물기를 뺀다.

**4** 볼에 데친 콩나물을 넣고, 간 마늘, 꽃소금, 깨소금을 넣는다.

**5** 참기름을 넣고 골고루 섞으면 기본콩나물무침이 완성된다.

## 기본콩나물무침 + 쪽파

**6** 쪽파 1대(12g)를 0.3cm 길이로 송송 썬다.

**7** 기본콩나물무침에 쪽파를 넣고 잘 섞어서 완성한다.

**기본콩나물무침 + 쪽파 + 당근**

6. 쪽파 1대(12g)를 0.3cm 길이로 송송 썬다.

7. 기본콩나물무침에 쪽파를 넣는다.

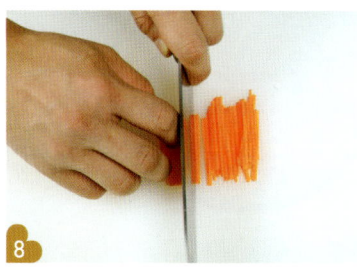

8. 당근 ⅓개(30g)를 두께 0.3cm, 길이 6cm로 채 썬다.

9. 당근을 넣고 잘 섞어서 완성한다.

**백종원의 tip**

담백한 기본콩나물무침에 쪽파나 당근을 넣어 색감을 더하거나 고춧가루와 진간장을 넣어 좀 더 자극적인 맛을 낼 수도 있다. 깔끔한 맛을 원한다면 기본 콩나물무침을 하면 된다. 나머지 재료들은 모두 선택 사항이다.
콩나물을 데칠 때는 뚜껑을 처음부터 계속 열거나, 처음부터 계속 닫거나 한 가지 노선만 선택해야 비린내가 나지 않는다.

## 기본콩나물무침 + 쪽파 + 당근 + 간장 + 고춧가루

**6** 쪽파 1대(12g)를 0.3cm 길이로 송송 썬다.

**7** 기본콩나물무침에 쪽파를 넣는다.

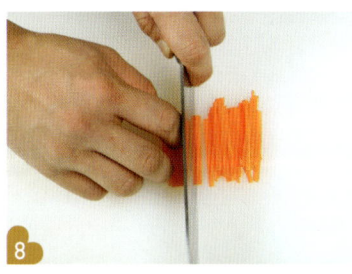

**8** 당근 $\frac{1}{8}$개(30g)를 두께 0.3cm, 길이 6cm로 채 썬다.

**9** 당근을 넣고 잘 섞는다.

**10** 진간장 $\frac{1}{3}$큰술을 넣는다.

**11** 굵은 고춧가루 $\frac{1}{2}$큰술을 넣고 섞어서 완성한다.

# 얼큰콩나물찌개

**Point** 콩나물로는 맑은 국을 끓이는 게
제격이라는 편견을 뒤집어줄 찌개요리다.
집밥 식탁에도, 술안주로도, 속 쓰린 아침 해장국으로도
손색이 없는 깊고 시원한 맛이 난다.

### 재료 (4인분)

- 콩나물 ············ 3컵 (210g)
- 대파 ············· 1대 (100g)
  (파기름용 ½대, 고명용 ½대)
- 간 돼지고기 ······ 1컵 (90g)
- 양파 ············· 1개 (250g)
- 표고버섯 ········· 5개 (100g)
- 청양고추 ········· 1개 (10g)
- 홍고추 ··········· 1개 (10g)
- 물 ··············· 3½컵 (630ml)
- 식용유 ··········· 4큰술
- 굵은 고춧가루 ···· 3큰술
- 진간장 ··········· ¼컵 (45ml)
- 간 마늘 ·········· 1큰술
- 꽃소금 ··········· 1큰술

**1** 청양고추, 홍고추, 대파는 두께 0.5cm, 길이 3cm로 어슷 썬다. 양파는 0.5cm 두께로 썬다. 표고버섯은 0.5cm 두께로 썬다.

**2** 깊은 팬에 식용유를 두르고 썰어 둔 대파의 절반을 넣은 후 불을 켜고 살짝 볶는다.

**3** 대파가 노릇노릇해지면 간 돼지고기를 넣고 뭉치지 않게 잘 풀어 주며 볶는다.

**4** 돼지고기가 하얗게 익으면 굵은 고춧가루를 넣고 섞는다.

*물은 콩나물이 잠길 정도로.*

**5** 콩나물, 양파, 표고버섯, 물을 넣고 끓인다.

**6** 찌개가 끓기 시작하면 진간장을 넣어 간을 한다.

**백종원의 tip**

새우젓이나 멸치액젓으로 기본 간을 하고, 간장이나 소금으로 부족한 간을 보충해줘도 된다.
이 찌개는 한 번 끓여서 식힌 후 다시 끓이면 맛이 더욱 깊어진다.

**7** 간 마늘을 넣고, 꽃소금으로 부족한 간을 한 후 끓인다.

**8** 콩나물이 완전히 익을 때까지 끓인 뒤 남은 대파와 청양고추, 홍고추를 넣고 섞어 마무리한다.

# 콩나물볶음밥

♪ Point  만능닭갈비소스와 콩나물만 있으면
쉽게 만들 수 있는 콩나물볶음밥이다.
밥을 넣기 전에 파기름과 소스를 먼저 볶아서
맛을 내는 것이 포인트다.

### 재료 (4인분)

콩나물 ········· 6컵(420g)
　　(물 6컵 + 꽃소금 약간)
밥 ············· 4공기(800g)
당근 ············ ⅓개(55g)
대파 ············ ½대(50g)
달걀 ················ 4개
식용유 ·········· ⅓컵(60ml)
조미 김가루 ········· 1컵
통깨 ············· 2큰술

### 만능닭갈비소스

진간장 ············· ½컵
맛술 ··············· ½컵
황설탕 ············· ½컵
굵은 고춧가루 ······ ½컵
고추장 ············· ½컵
간 마늘 ············ ½컵

**백종원의 tip**

만능닭갈비소스의 양은 입맛에 따라 조절해서 넣으면 된다. 보통 2컵 정도 사용하면 간이 맞다. 사용하고 남은 소스는 2주 정도 냉장 보관 가능하다. 이 소스는 닭갈비 외에도 콩나물불고기 등 다양한 요리에 사용 가능하다.

**만능닭갈비소스 황금 비율** 1:1:1:1:1:1

1  콩나물을 데쳐서 찬물에 헹군 뒤 체에 밭쳐 둔다.

2  진간장, 맛술, 황설탕, 굵은 고춧가루, 고추장, 간 마늘을 섞어 만능닭갈비소스를 만든다.

3  대파는 0.3cm 두께로 얇게 썰고, 당근은 0.3cm 두께로 채 썬 후 잘게 다진다.

4  넓은 팬에 식용유와 대파를 넣고 불을 켜고 강불에서 파가 노릇노릇해질 때까지 볶는다.

5  파가 노릇노릇해지면 당근을 넣고, 만능닭갈비소스를 넣어 저어 가며 살짝 조린다.

6  살짝 졸아든 양념에 밥을 넣고 고루 섞는다.

7  데친 콩나물을 넣고 주걱으로 잘 섞어서 완성한다.

8  볶은 밥을 그릇에 담고 김가루, 통깨, 달걀프라이를 얹어 낸다.

# 콩나물불고기

♪ 콩나물불고기는 평범한 재료로 쉽게 완성할 수 있는
근사한 일품요리일 뿐 아니라,
고기와 함께 많은 양의 채소를 먹을 수 있는
건강요리이기도 해서
집밥 메뉴로 강력 추천한다.

### 재료 (4인분)

| | |
|---|---|
| 콩나물 | 6컵 (420g) |
| 대패삼겹살 | 470g |
| 대파 | 2대 (200g) |
| 양파 | 1개 (250g) |
| 새송이버섯 | 1개 (40g) |
| 깻잎 | 8장 (16g) |
| 통깨 | 1큰술 |

### 만능닭갈비소스

| | |
|---|---|
| 진간장 | ½컵 |
| 맛술 | ½컵 |
| 황설탕 | ½컵 |
| 굵은 고춧가루 | ½컵 |
| 고추장 | ½컵 |
| 간 마늘 | ½컵 |

**백종원의 tip**

콩나물불고기는 물을 전혀 넣지 않고 콩나물을 비롯한 여러 채소들의 수분으로 요리를 하기 때문에 감칠맛이 난다.
식탁 한가운데 올려 두고 콩나물이나 고기는 계속 추가해서 끓이면서 먹으면 좋다. 소스는 한꺼번에 넣지 말고 처음엔 반 정도만 넣고, 간을 봐 가면서 추가하도록 하자.

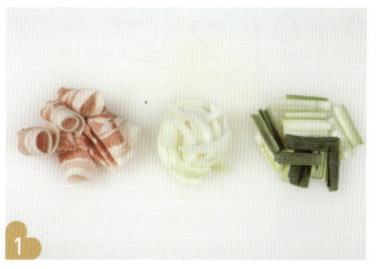

**1** 대패삼겹살은 크기가 큰 것을 반으로 갈라 준비한다. 양파는 0.5cm 두께로 썰고, 대파는 5cm 길이로 썬다.

**2** 깻잎은 길게 반 갈라 2cm 길이로 썰어 뭉치지 않게 풀어 둔다. 새송이버섯은 두께 0.5cm, 길이 6cm로 어슷 썬다.

**3** 볼에 진간장, 맛술, 황설탕, 굵은 고춧가루, 고추장, 간 마늘을 섞어 만능닭갈비소스를 만든다.

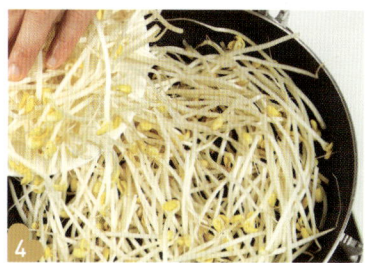

**4** 넓은 팬에 콩나물을 수북히 쌓는다.

**5** 콩나물 위에 대파, 양파, 새송이버섯, 대패삼겹살, 깻잎을 순서대로 올린다.

*소스는 일단 반 정도만 사용.*

**6** 미리 만들어 둔 만능닭갈비소스를 붓는다.

**7** 통깨를 뿌린 후 약불에서 끓이다가 채소에서 수분이 나오기 시작하면 중불로 끓인다.

**8** 국물이 자작하게 끓으면 불을 약불로 줄인다. 약불로 끓이면서 양념을 잘 섞고 고기를 먹기 좋은 크기로 자르며 먹는다.

# 오징어 요리의 기초

### 1 오징어 몸통 갈라 손질하기

1. 오징어 다리(촉수)의 빨판을 세게 쭉쭉 훑어서 이물질을 제거한다.

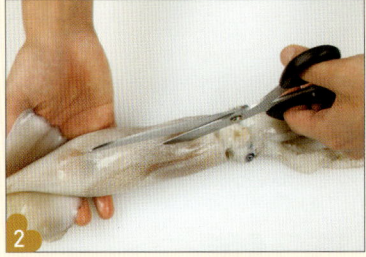
2. 가위로 오징어 몸통 뒷면 가운데를 끝까지 가른다.

3. 내장이 위로 올라오도록 몸통을 펼친다.

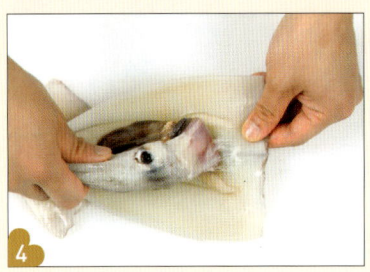
4. 한 손으로 몸통 끝부분을 잡고 다른 손으로 내장을 잡아 쭉 잡아당겨 떼 낸다.

5. 몸통 중앙에 있는 투명한 대를 떼 낸다.

*중간에 끊어지지 않게 주의!*

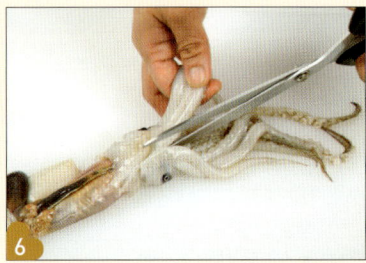
6. 오징어의 눈이 안 보이게 뒤집은 후 다리의 중앙을 가위로 가른다.

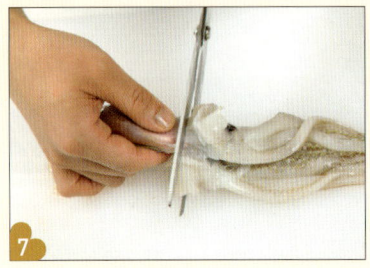
7. 가위로 내장과 다리를 분리한다.

8. 눈을 떼서 버린다.

9. 입을 뗀 후 뒤에서 눌러 이빨을 제거하고 사용한다.

**백종원의 tip**

오징어는 몸통이 진한 붉은색을 띠며 눈이 또렷한 것일수록 신선하다. 신선한 오징어일수록 빨판의 이물질이 많으므로 꼼꼼히 제거해야 한다.

10. 마른 키친타월로 몸통 끝부분의 껍질을 잡고 살살 잡아당겨 벗겨낸다. 지느러미의 껍질도 같은 방법으로 제거한다.

## 2 통오징어로 손질하기

1 오징어 다리의 빨판을 세게 쭉쭉 훑어서 이물질을 제거한다.

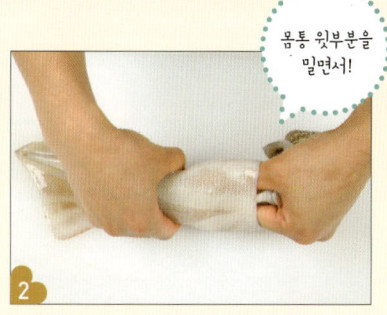
몸통 윗부분을 밀면서!
2 몸통 안쪽 끝까지 손가락을 넣어 몸통과 내장이 연결된 부분을 떼어 낸다.

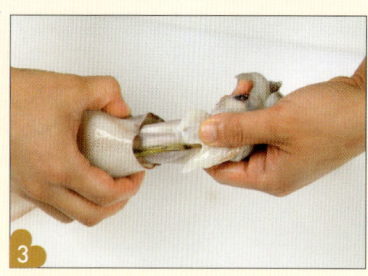
3 다리를 잡아당겨 내장을 꺼낸다.

4 몸통 안에 남아 있는 투명한 대와 기타 이물질을 제거한다.

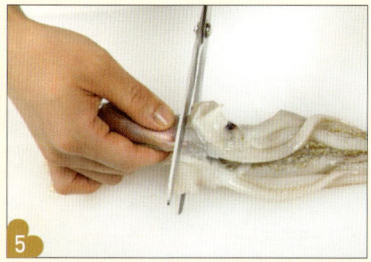
5 다리와 내장은 '몸통 갈라 손질하기(6~9번)'와 같은 방법으로 손질한다.

6 마른 키친타월을 이용해 몸통과 지느러미의 껍질을 벗긴다.

## 3 오징어 데치기

1 냄비에 물 5컵을 넣고 끓인 후 맛술 2큰술과 식초 1큰술을 넣는다.

2 오징어를 넣고 탱글탱글하게 익을 때까지 끓인다.

바로 식혀야 식감이 좋다.
3 데친 오징어를 바로 찬물이나 얼음물에 담가 식힌 후 바로 꺼내 체에 밭쳐 둔다.

## 4 초고추장 만들기

1 고추장 3큰술, 황설탕 1큰술, 식초 1큰술, 물 2큰술을 볼에 넣고 잘 섞는다.

2 취향에 따라 쪽파나 마늘을 추가한다.

백종원의 tip

마늘 넣은 초고추장을 만들 때 마늘을 미리 넣으면 숙성되어 맛이 변하기 때문에 먹기 직전에 넣어야 한다.

# 오징어숙회

*Point* 오징어는 오래 데치면 질겨진다.
샤브샤브보다 살짝 더 익혀서
오징어의 모양이 잡히고 흰색을 띨 때까지만 데쳐야
쫄깃하고 탱글탱글한 식감의 숙회를 즐길 수 있다.

### 재료 (4인분)

오징어 ········· 1마리 (300g)
청양고추 ········ 1개 (10g)
꽃상추 ·········· 1장 (10g)
깻잎 ············ 1장 (2g)
통마늘 ·········· 1개 (5g)
통깨 ············ 약간

### 오징어 데치기

물 ············ 5컵 (900ml)
맛술 ··········· 2큰술
식초 ··········· 1큰술

### 초고추장

고추장 ·········· 3큰술
황설탕 ·········· 1큰술
식초 ············ 1큰술
물 ·············· 2큰술
간 마늘 ·········· 1/4큰술
쪽파 ············ 1큰술
참기름 ·········· 1/2큰술
통깨 ············ 약간

**1**
청양고추의 반은 0.3cm 두께로 얇게 썰고, 반은 2cm 두께로 송송 썬다. 마늘은 얇게 편 썬다.

*얇게 썰어야 식감이 좋다.*

**2**
오징어는 통으로 손질한 후 껍질을 벗기고 데쳐서 몸통을 0.4cm 두께로 얇게 썬다.

*젓가락을 사용하면 가지런히 놓을 수 있다!*

**3**
접시에 꽃상추와 깻잎을 깔고, 그 위에 오징어 몸통을 올린다. 꽃상추와 깻잎 대신 다른 잎채소를 사용해도 된다.

**4**
오징어 하단에서 다리만 잘라 내고 나머지 특수부위는 잘게 썬다.

**5**
볼에 잘게 썬 특수부위와 0.3cm 두께로 썬 청양고추를 넣고 잘 섞어 둔다.

**6**
몸통이 놓인 접시에 특수부위무침과 다리를 올리고 편 마늘, 2cm 두께로 썬 청양고추로 장식한다. 몸통에 통깨를 솔솔 뿌린다.

**7**
고추장, 황설탕, 식초, 물을 섞어 초고추장을 만든다.

**8**
만든 초고추장을 2개의 종지에 나누어 담는다. 한 종지에는 간 마늘과 통깨 약간을 넣고, 다른 종지에는 쪽파와 참기름, 통깨 약간을 넣어 두 가지 초고추장을 완성해 오징어와 함께 낸다.

# 오징어초무침

♪ point 초고추장으로 기본 간을 하고,
색을 내기 위해 고춧가루를, 향을 내기 위해 진간장을
쓰는 것이 포인트인 오징어초무침이다.

### 재료 (4인분)

오징어 ············ 1마리 (300g)
양파 ················ ½개 (125g)
청양고추 ·········· 1개 (10g)
대파 ················ ½대 (50g)
오이 ················ ½개 (110g)
당근 ················ ½개 (55g)
깻잎 ················ 4장 (8g)
꽃상추 ············· 3장 (30g)
굵은 고춧가루 ········ 1큰술
진간장 ··················· 1큰술
간 마늘 ················· ½큰술
참기름 ··················· 1큰술
통깨 ······················ 1큰술

### 오징어 데치기

물 ················ 5컵 (900ml)
맛술 ······················ 2큰술
식초 ······················ 1큰술

### 초고추장

고추장 ··················· 3큰술
황설탕 ··················· 1큰술
식초 ······················ 1큰술
물 ·························· 2큰술

**1** 통으로 손질하고 껍질을 벗긴 오징어를 데친 후 먹기 좋은 크기로 썬다.

*오징어 모양에 맞춰 길쭉하게 썬다.*

**2** 청양고추와 대파는 길이 3cm, 두께 0.5cm로 어슷 썰고, 양파는 0.5cm 두께로 썬다. 오이와 당근은 길게 반 갈라 두께 0.4cm, 길이 4cm로 썬다.

*잎채소는 모두 같은 방법!*

**3** 깻잎과 상추는 끝부분을 잘라 내고 잘게 찢은 후 볼에 넣고 풀어 준다.

**4** 깻잎과 상추가 담긴 볼에 썰어 둔 채소를 모두 넣고 잘 섞는다.

**5** 채소가 담긴 볼에 썰어 둔 오징어를 넣는다.

**6** 굵은 고춧가루, 간 마늘, 진간장을 넣는다.

**7** 고추장, 황설탕, 식초, 물을 섞어 만든 초고추장으로 간을 맞추며 무친다. 초고추장은 한꺼번에 다 넣지 말고 간을 보며 취향대로 넣는다.

**8** 참기름과 통깨를 넣고 잘 섞어서 마무리한다.

# 오징어볶음

*Point* 파기름으로 맛을 낸 오징어볶음이다.
밥 위에 달걀프라이와 함께 올리면
맛있는 오징어덮밥으로도 즐길 수 있다.

### 재료 (4인분)

- 오징어 ········· 2마리(600g)
- 대파 ············· 1대(100g)
- (파기름용 ½대, 볶음용 ½대)
- 양파 ············· 1개(250g)
- 청양고추 ········· 3개(30g)
- 홍고추 ··········· 1개(10g)
- 당근 ············· ⅓개(55g)
- 양배추 ··········· ⅓통(400g)
- 물 ··············· ½컵(90ml)
- 식용유 ··········· 3큰술
- 황설탕 ··········· 1½큰술
- 간 마늘 ·········· 1큰술
- 고추장 ··········· 1큰술
- 진간장 ··········· ¼컵(45ml)
- 굵은 고춧가루 ····· 3큰술
- 참기름 ··········· 2큰술
- 통깨 ············· 1큰술

## 오징어볶음

**1** 대파 ½대는 0.3cm 두께로 얇게 썰고, 홍고추와 청양고추는 두께 0.5cm, 길이 3cm로 어슷 썬다. 양파는 1cm 두께로 썰고, 대파 ½대는 5cm 길이로 썬다. 당근은 두께 0.4cm, 길이 5cm로 썰고, 양배추는 두께 1.5cm, 길이 5cm로 썬다.

**2** 양배추를 낱장으로 분리한 후 0.3cm 두께로 썬 파기름용 대파를 제외한 채소를 한 데 모아 고루 섞는다.

*껍질을 벗기지 않고 사용!*

**3** 오징어를 통으로 손질하고 껍질을 벗기지 않은 상태에서 1.5cm 두께로 썬다.

**4** 넓은 팬에 0.3cm 두께로 썬 대파와 식용유를 넣고 불을 켜고 강불에서 대파가 노릇노릇해질 때까지 볶는다.

**5** 대파가 노릇노릇해지면 썰어 둔 오징어를 넣는다.

**6** 센불에서 팬을 흔들며 오징어가 반쯤 익을 때까지 볶는다.

*단맛은 분자가 커서 제일 먼저 넣어야 한다.*

**7** 오징어가 반 정도 익으면 황설탕을 넣고 섞는다.

**8** 간 마늘, 고추장, 굵은 고춧가루, 진간장을 넣는다.

**백종원의 tip**

오징어볶음을 할 때는 오징어의 껍질을 굳이 벗기지 않아도 된다. 오징어 껍질에 양념이 잘 스며들어서 껍질을 살리면 더 맛있는 볶음을 만들 수 있다. 단, 껍질이 남아 있으면 식감이 질길 수 있고, 썰 때 미끄러우니 주의하자.

팬을 흔들며 잘 섞는다.

물을 넣고, 양념이 뭉치지 않게 잘 풀어 준다.

양념이 끓으면 섞어 둔 채소를 한꺼번에 넣는다.

센불에서 저어 가며 볶다가 채소의 숨이 살짝 죽으면 약불로 줄인다.

채소의 아삭함이 살아 있는 상태에서 참기름과 통깨를 넣고 잘 섞어서 마무리한다.

**백종원의 tip**

오징어를 볶기 전에 미리 데치면 살짝 볶아도 되고, 모양이 예쁘다. 반면 데치지 않고 볶으면 모양은 예쁘지 않지만 감칠맛이 살아난다. 데쳐서 볶든 생으로 볶든 조리 순서는 같으니 취향대로 선택하자.
채소를 넣기 전 양념은 짜고 진하다 싶은 정도로 해야 채소를 넣은 후 적당한 간과 색이 나온다.
그릇에 담을 때는 상추나 깻잎을 깔고 오징어볶음을 높이 쌓는 느낌으로 올리자.

## 재료 (1인분)

| | |
|---|---|
| 오징어볶음 | 1인분, 적당량 |
| 밥 | 1공기 (200g) |
| 달걀 | 1개 |
| 식용유 | ½컵 (60ml) |
| 고추장 | ½큰술 |
| 참기름 | ½큰술 |
| 통깨 | ½큰술 |

### 오징어덮밥

14. 밥공기를 이용해 접시 중앙에 밥을 올린다.

15. 팬에 식용유를 넉넉히 두르고 충분히 달군 뒤 달걀을 깨 넣고 튀기듯 프라이한다.

16. 미리 만들어 놓은 오징어볶음을 밥 한쪽에 올린다.

17. 달걀프라이와 고추장, 참기름, 통깨를 올려 낸다.

입맛에 따라 고추장으로 부족한 간 보충.

**백종원의 tip**

덮밥이나 볶음밥에는 중국식달걀프라이가 제격이다. 중국식달걀프라이의 핵심은 기름을 충분히 붓고 뜨거운 온도에서 튀기듯 조리하는 것이다. 프라이를 익히는 동안에도 계속 노른자 위에 뜨거운 식용유를 끼얹어 주면 좋다.

# 중국식오징어꼬치

♪ 뜨거운 파기름과 고춧가루를 섞어서
건더기가 많은 중국풍 고추기름을 만들어 맛을 내보았다.
이 고추기름은 콩나물무침 등 다양한 요리에 활용 가능하다.

### 재료 (4인분)

오징어 ············ 2마리 (600g)
대파 ············· ½대 (25g)
식용유 ············ 6컵 (1080ml)
  (고추기름용 ⅔컵, 튀김용 5⅓컵)
굵은 고춧가루 ········ 3큰술

**1** 몸통을 갈라 손질한 오징어의 몸통과 다리를 반으로 자른다.

꼬치는 모양을 잡아주는 역할.

**2** 반 자른 오징어 몸통을 꼬치에 지그재그로 끼우고, 끝에 다리도 함께 꽂는다.

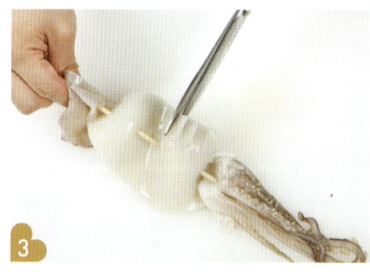

**3** 몸통 가장자리에 1cm 간격으로 가위집을 낸 후 키친타월로 물기를 제거한다.

**4** 대파는 길게 반 가른 후 0.3cm 두께로 얇게 썬다.

**5** 넓은 팬에 식용유와 대파를 넣고 불을 켜고 강불에서 파가 노릇노릇해질 때까지 볶는다.

**6** 볼에 굵은 고춧가루를 넣고, 노릇노릇해진 파기름을 넣어 잘 섞어 고추기름을 만들어 둔다.

### 백종원의 tip

이빨을 제거한 오징어 입을 꼬치에 꽂아서 함께 튀겨 먹을 수도 있다.

**7** 깊은 팬에 식용유를 붓고 센불로 달군다.

**8** 달궈진 기름에 꼬치에 끼워 둔 오징어를 넣는다.

**9** 기름이 튀지 않게 뚜껑을 덮고 센불에서 튀긴다.

**10** 중간중간 뚜껑을 열고 오징어를 뒤집어 가며 먹기 좋게 익을 때까지 튀긴 후 건져 낸다.

**11** 건져 낸 오징어에 미리 만들어 둔 고추기름을 바른다.

**12** 꼬치에서 오징어를 빼고 가위로 먹기 좋게 잘라서 낸다.

**백종원의 tip**

고추기름은 파기름이 뜨거울 때 고춧가루와 섞어서 만들어야 한다.
오징어는 튀기기 전에 반드시 물기를 제거해야 한다. 튀길 때도 꼭 뚜껑을 덮어야 기름이 튀는 것을 막을 수 있다. 취향에 따라 튀긴 오징어에 카레가루를 함께 뿌려 먹어도 좋다.

# 감자채볶음

### 재료 (4인분)

- 감자 ········ 2개(360g)
- (물 8컵 + 꽃소금 ½큰술)
- 당근 ········ 1컵(40g)
- 양파 ········ ½개(125g)
- 식용유 ········ ¼컵(45ml)
- 꽃소금 ········ ½큰술
- 후춧가루 ········ 약간

1. 양파는 0.3cm 두께로 썬다. 당근은 0.3cm, 감자는 0.5cm 두께로 채 썬다.

*채칼로 채소의 굵기를 일정하게.*

2. 끓는 물에 감자와 꽃소금을 넣고 익힌 후 건져서 체에 받쳐 둔다.

3. 넓은 팬에 식용유를 두르고 달군 후 양파와 당근을 넣고 볶는다.

4. 당근과 양파가 익어서 투명한 빛이 돌면 데친 감자를 넣고 섞는다.

5. 꽃소금과 후춧가루로 간을 하고 잘 섞어 마무리한다.

*청양고추나 대파 추가 가능!*

# 돼지고기구이

**Point** 잘만 하면 집에서 프라이팬에 구워 먹는 돼지고기가 밖에서 숯불에 구운 것보다 더 맛있을 수도 있다. 집에서 맛있게 돼지고기를 즐길 수 있는 꿀팁을 모았다.

## 밑간하기

**삼겹살**
꽃소금을 뿌린다.

**목살**
꽃소금과 후춧가루를 뿌린다.

**1 항정살**
꽃소금, 후춧가루, 간 마늘을 넣는다.

**2**
참기름을 넣고 잘 섞는다.

## 양념장 3종 만들기

백종원의 tip

돼지고기 밑간의 기본은 소금이다. 밑간의 간은 다른 양념장 없이도 먹을 수 있을 정도로 하면 된다.
마늘양념장은 소고기와도 잘 어울린다.
쌈장에 들어가는 사이다는 설탕물로 대체 가능하다.

**기름양념장**
꽃소금 1큰술, 참기름 2큰술, 후춧가루 약간을 넣고 잘 섞는다.

**마늘양념장**
간 마늘 1큰술, 참기름 2큰술을 넣고 섞는다.

**쌈장**
된장 1큰술, 고추장 ½큰술, 굵은 고춧가루 1큰술, 간 마늘 ½큰술, 사이다 2큰술, 참기름 1큰술을 넣고 잘 섞는다.

### 재료 (4인분)

- 파채 ·················· 3컵 (150g)
- 황설탕 ················ ½큰술
- 진간장 ················ 2½큰술
- 식초 ·················· ½큰술
- 굵은 고춧가루 ········· 1½큰술
- 간 마늘 ··············· ½큰술
- 참기름 ················ ½큰술

## 파무침 만들기

양조식초 사용!

**1** 볼에 진간장, 식초, 황설탕, 굵은 고춧가루, 간 마늘을 넣고 섞어 양념장을 만든다.

**2** 볼에 파채를 넣은 후, 만들어 둔 양념장을 넣고 섞는다.

**3** 참기름을 넣어 향을 더한다.

**4** 파채에 양념이 배도록 젓가락으로 잘 섞는다.

**5** 가위로 파채를 먹기 좋은 크기로 자른다.

**백종원의 tip**

일반적인 파무침 스타일은 세 가지 정도다. 참기름과 고춧가루로 무칠 수도 있고, 간장과 식초를 넣을 수도 있고, 초고추장을 이용할 수도 있다. 여기서 소개하는 것은 간장과 식초를 이용한 스타일로 마지막에 참기름을 넣는 것이 포인트다. 식초와 참기름이 만나면 생각지 못했던 풍부한 맛이 난다.
사과식초는 신맛이 약하므로 양조식초를 사용하는 것이 좋다.

## 양배추쌈 만들기

**재료 (4인분)**

양배추 ········ ¼통 (600g)
물 ············· 1컵 (180ml)

**1** 양배추를 먹을 만큼 잘라서 전자레인지용 그 릇에 담는다.

**2** 양배추가 담긴 그릇에 물을 붓는다.

**3** 그릇에 랩을 씌우고, 젓가락으로 3~4회 찔러 서 공기 구멍을 낸 후 전자레인지에서 약 10분 간 익힌다.

**4** 익힌 양배추를 찬물에 헹군 뒤 물기를 빼서 쌈 장, 고기와 함께 먹는다.

백종원의 tip

### 돼지고기 굽기 팁

고기를 굽기 전에 팬은 센불에서 충분히 달궈야 한다. 고기는 센불에서 튀기듯이 굽고, 자주 뒤집지 않아야 육즙이 빠지지 않는다. 한 판을 다 구운 후에는 팬에 남아 있는 기름을 닦아 낸 후 다시 시작해야 한다. 고기를 구울 때 기름이 튄다면 키친타월로 살짝 덮어 두면 된다. 여러 부위의 돼지고기를 섞어서 먹을 때는 기름기가 적은 부위부터 기름기가 많은 부위 순서로 먹어야 고소한 맛을 잘 느낄 수 있다. 예를 들면 목살에서 시작해서 갈매기살을 먹은 후 가브리살이나 갈비살을 먹고 삼겹살은 가장 나중에 먹는 식이다.

# 양파 캐러멜 카레

Point ♪ 양파를 오래 볶아서 깊은 풍미와 향을 살린 카레다.
카레가루는 다른 재료가 충분히 익은 후에 넣고
살짝 끓이기만 하면 된다.
맛을 내는 핵심은 카레가루가 아니라 오래 볶은 양파다.

### 재료 (4인분)

시판용 카레가루 ······· 1봉지 (100g)
소고기 (불고기용) ········ 3컵 (270g)
양파 ···················· 2개 (500g)
감자 ················ 1½개 (225g)
당근 ···················· ½개 (135g)
물 ······················ 4컵 (720ml)
식용유 ··················· ½컵 (90ml)
후춧가루 ······················ 약간

**백종원의 tip**

카레용 채소 모양에 대한 선입견을 버리자. 채소를 채 썰어서 사용하면 익는 속도도 빠르고 색다른 모양을 낼 수 있다.
이 조리법에 설탕 ½큰술을 더 넣으면 부드러운 맛이 배가되고, 고운 고춧가루 ½큰술을 넣으면 색감이 진해지고 매콤해진다. 더 매콤한 맛을 원한다면 생강을 소량 추가할 수도 있다. 케첩이나 토마토를 ½컵 정도 넣으면 새콤하면서도 깊은 맛이 난다. 버터 1조각을 넣으면 맛이 더 고소해진다. 취향대로 응용하자.

*질긴 고기일수록 얇게.*

1. 감자와 당근은 두께 0.3cm, 길이 3cm로 채 썬다. 소고기는 3cm 길이로 얇게 썰고, 양파는 0.3cm 두께로 썬다.

2. 깊은 팬에 식용유를 두르고 양파와 후춧가루를 넣은 후, 중불에서 양파가 옅은 캐러멜색이 될 때까지 볶는다.

3. 양파가 옅은 캐러멜색으로 익으면 소고기를 넣는다.

4. 채 썬 감자와 당근도 함께 넣고 볶는다.

5. 건더기가 어느 정도 익으면 물을 넣는다. 물의 양은 카레 봉지에 적힌 양을 참고하자.

6. 중불에서 육수가 충분히 우러나와 국물이 옅은 캐러멜색이 될 때까지 끓인다.

7. 카레가루를 넣고 잘 풀어 준 후 불을 끄고 마무리한다.

# 목살스테이크카레

♪ Point  고기 스테이크와 큼직큼직하게 썬 채소로
고급스러운 느낌을 낸 카레 요리이다.
맛도 보기도 좋아 손님 접대 메뉴로도 훌륭하다.

### 재료 (4인분)

돼지고기 목살 ········ 4덩이 (600g)
양파 ················· 2½개 (625g)
당근 ················· ⅔개 (180g)
감자 ················· 2개 (360g)
시판용 고형 카레 ······ 1팩 (120g)
홍 파프리카 ·········· ½개 (70g)
황 파프리카 ·········· ½개 (70g)
청 파프리카 ·········· ½개 (70g)
물 ··················· 7컵 (1260ml)
밥 ··················· 4공기 (800g)
식용유 ··············· ¼컵 (45ml)
꽃소금 ··············· 약간
후춧가루 ············· 약간

**1** 파프리카, 당근, 감자는 3~5cm 크기로 큼직하게 썬다. 양파는 0.5cm 두께로 얇게 썬다.

**2** 목살에 꽃소금과 후춧가루로 밑간한다.

*고기가 익으면서 모양이 틀어지는 것을 방지!*

**3** 목살을 돌려 가며 가장자리에 칼집을 낸다.

**4** 센불에서 뜨겁게 달군 팬에 밑간한 목살을 올린다.

*양파는 빨리 넣을수록 좋다.*

**5** 썰어 둔 양파를 넣고 목살과 함께 굽는다.

**6** 목살을 너무 익혔나 싶을 때까지 익힌 후 뒤집는다.

**7** 목살을 뒤집은 후 그 위에 당근과 감자를 넣고 함께 익힌다.

**8** 목살을 바싹 더 익힌 후 물을 붓는다.

9. 중불에서 감자가 익고 육수가 충분히 우러날 때까지 끓인다.

10. 감자가 익으면 고형 카레를 넣고 잘 풀어 주며 살짝 끓인다.

*파프리카는 생략 가능.*

11. 완성된 카레에 큼직하게 썰어 둔 세 가지 색의 파프리카를 넣어 색감을 더한다.

12. 접시에 밥을 올리고, 그 옆에 목살과 채소를 올린 후 카레를 부어서 낸다.

**백종원의 tip**

고형 카레는 카레가루에 팜유를 넣고 굳힌 것이다. 기름이 더 들어갔기 때문에 카레가루보다 더 고소하고 풍미가 있다.
목살 대신 감자나 당근으로 속을 채운 통오징어나 닭다리 등 다른 재료를 이용할 수도 있다. 재료에 따라 끓이거나 굽는 시간을 조절하자.
닭고기를 주재료로 하고 청양고추, 대파, 고춧가루, 간장 등 기본 양념을 추가하여 익히면 간단하게 카레닭볶음탕도 만들 수 있다.

# 잔치국수

*Point* 잔치국수는 양념장, 고명, 육수, 면을 따로따로 준비해야 해서 만들기 번거로운 음식 중 하나다. 그래서 고명과 육수를 한꺼번에 준비할 수 있는 조리법을 생각해 보았다.

### 재료 (4인분)

청양고추 ············ 3개 (30g)
쪽파 ················· 8대 (80g)
물 ··················· ⅛컵 (30ml)
간 마늘 ·············· 1큰술
굵은 고춧가루 ······ 2큰술
황설탕 ··············· ⅔큰술
깨소금 ··············· 2½큰술
진간장 ··············· ⅓컵 (70g)
국간장 ··············· ⅓컵 (70g)
참기름 ··············· 2큰술

## 양념장 만들기

> 파와 고추 양의 비율은 3:1

**1** 쪽파는 1cm 길이로, 청양고추는 0.5cm 두께로 송송 썬다.

**2** 볼에 쪽파, 청양고추, 간 마늘을 넣는다.

> 깨소금과 고춧가루로 농도 조절.

**3** 굵은 고춧가루, 황설탕, 깨소금을 넣고 섞는다.

**4** 진간장과 국간장을 넣어 간을 맞춘다.

**5** 물을 살짝 넣어 맛을 부드럽게 한다.

**6** 참기름을 듬뿍 넣고 잘 섞어서 마무리한다.

**백종원의 tip**

잔치국수 하면 보통 육수의 중요성만 생각하지만, 육수 못지않게 중요한 것이 양념장이다. 사실 양념장만 잘 만들면 따뜻한 물에 말아 먹는 국수도 맛있다.
양념장 제조의 핵심은 먼저 파와 고추, 깨소금 등을 듬뿍 넣고 섞은 뒤 마지막에 간장을 넣어 간을 맞춘다는 것이다.

### 재료 (4인분)

| | |
|---|---|
| 건소면 | 400g |
| 물 | 21컵 (3780ml) |
| (채수용 10컵, 면 삶기용 11컵) | |
| 양파 | 1개 (250g) |
| 애호박 | 1개 (320g) |
| 당근 | ⅓컵 (60g) |
| 표고버섯 | 5개 (100g) |
| 달걀 | 2개 |
| 진간장 | ⅓컵 (70g) |
| 국간장 | ⅓컵 (70g) |
| 꽃소금 | ½큰술 |

## 잔치국수 만들기

집에 있는 모든 채소 활용 가능!

**1** 양파와 표고버섯은 0.3cm 두께로 썬다. 당근과 애호박도 0.3cm 두께로 얇게 채 썬다.

**2** 냄비에 물 10컵을 넣고 끓인 후 진간장과 국간장을 넣어 간을 한다.

**3** 국물의 간을 보고, 부족한 간을 꽃소금으로 보충한다.

**4** 간을 맞춘 국물에 썰어 둔 채소를 넣고 채소가 익을 때까지 끓인다.

### 백종원의 tip

일반적으로 잔치국수의 육수는 멸치, 디포리, 건새우 같은 건어물이나 고기에 양파나 무 같은 채소를 넣고 한 시간 이상 푹 끓여서 만든다. 여기서는 고명으로 올라갈 채소를 이용해서 채수를 내었다. 이렇게 하면 고명과 국물을 동시에 해결할 수 있어 편하다.

**5** 볼에 달걀을 깨 넣고 잘 푼다.

**6** 채수에 풀어 놓은 달걀을 휘 돌려 넣고 불을 꺼 둔다.

**7** 손으로 소면을 쥐어 조리할 분량을 준비해 둔다. 500원짜리 동전 크기 정도로 잡으면 1인분이다.

**8** 깊은 냄비에 물 10컵을 넣고 팔팔 끓인 후 소면을 펼쳐서 넣는다. 젓가락으로 저어 소면이 물에 잠기도록 풀어 준다.

막 끓어오른 후 살짝 기다렸다가 물 투하.

9 물이 끓어오르면 냉수 ½컵을 붓고 젓가락으로 저으며 계속 끓인다.

10 물이 두 번째로 끓어오르면 다시 냉수 ½컵을 붓고 젓가락으로 저으며 끓인다.

11 물이 세 번째로 끓어오르면 불을 끄고, 체로 소면을 건져 낸다.

12 건져 낸 소면을 재빨리 찬물이나 얼음물에 넣고 빨듯이 강하게 비벼서 전분을 제거한 후 체에 밭쳐 물기를 뺀다.

13 물기를 짠 소면을 엄지와 검지로 들어올려 늘어뜨린 후 한 바퀴 돌려서 그릇에 담는다.

14 면이 담긴 그릇에 채수와 건더기를 붓고 양념장을 올려서 완성한다.

백종원의 tip

양념장과 국물을 먼저 준비해 두고 면을 삶아야 한다. 면을 먼저 삶아 두면 퍼져 버린다. 불지 않은 탱글탱글한 면발을 원한다면 두 가지를 기억하자. 첫째, 삶을 때 두 번의 찬물 투하. 둘째, 면을 헹굴 때 강하게 빨아주듯 비벼서 면에 붙은 전분을 완전히 제거할 것.

# 비빔국수

*Point* 김치와 고추장으로 매콤하고 달콤하면서도
살짝 새콤한 맛을 낸 초간단 비빔국수다.

### 재료 (4인분)

건소면 ·················· 400g
물 ·················· 11컵 (1980ml)
김치 ·················· 2⅓컵 (약 350g)
황설탕 ·················· 2큰술
진간장 ·················· 4큰술
고추장 ·················· 2큰술
굵은 고춧가루 ·················· 2큰술
조미 김가루 ·················· 1컵
참기름 ·················· 1½큰술

**1** 소면은 삶은 후 찬물에서 빨듯이 강하게 비벼 전분을 제거하고 체에 받쳐 둔다. (132~133쪽 참조)

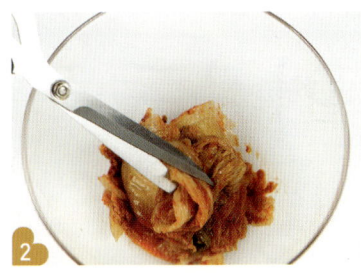

**2** 볼에 김치를 넣고 가위로 1.5cm 길이로 자른다.

**3** 김치가 담긴 볼에 삶은 소면을 넣는다.

**4** 황설탕과 진간장을 넣고 섞는다.

**5** 고추장을 넣고 잘 비빈다.

**6** 굵은 고춧가루를 넣어 색감을 더한다.

**7** 참기름을 넣어 향과 윤기를 더한다.

**8** 비빔국수를 그릇에 담고 김가루를 뿌려 마무리한다.

# 열무물국수

*Point* 시원한 미역냉국이나 오이냉국으로도 활용이 가능한 열무물국수다. 고기를 구워 먹고 느끼해진 입맛을 깔끔하게 마무리해 줄 메뉴로도 제격이다.

### 🍲 재료 (4인분)

| | |
|---|---|
| 건소면 | 400g |
| 물 | 17컵 (3060ml) |
| (면 삶기용 11컵, 냉국용 6컵) | |
| 열무김치 | 2컵 (240g) |
| 오이 | 2컵 (190g) |
| 청양고추 | 2개 (20g) |
| 진간장 | ⅓컵 (60ml) |
| 식초 | ½컵 (90ml) |
| 황설탕 | ⅓컵 (70g) |
| 간 마늘 | ½ 큰술 |
| 사각얼음 | 16개 |
| 깨소금 | ½ 큰술 |

**1** 소면은 삶은 후 찬물에서 빨듯이 강하게 비벼 전분을 제거하고 체에 밭쳐 둔다. (132~133쪽 참조)

**2** 오이는 길이 5cm, 두께 0.5cm로 채 썬다. 청양고추는 0.3cm 두께로 송송 썬다.

**3** 볼에 진간장, 식초, 물 6컵, 황설탕을 넣고 잘 섞어 냉국을 만든다.

**4** 냉국에 오이와 청양고추를 넣는다.

**5** 냉국에 간 마늘을 넣고 섞는다.

**6** 가위로 열무김치를 4cm 길이로 잘라서 냉국에 넣는다.

백종원의 tip

얼음, 국수, 채소 같은 싱거운 재료가 많이 들어가므로 처음에 만드는 냉국의 간은 조금 강하게 잡아 주는 것이 좋다. 맑은 국물을 원한다면 간장 대신 소금으로 간을 하면 된다.

**7** 얼음을 넣고 재료가 잘 섞이도록 젓는다.

**8** 냉국에 소면을 넣고 깨소금을 뿌려 마무리한다.

# 만두전

*Point* 냉동만두의 고급진 변신!
구워만 먹던 냉동만두에 약간의 아이디어를 더하면
색다른 전으로 즐길 수 있다.

### 재료 (4인분)

| | |
|---|---|
| 시판용 만두 | 14개 |
| 쪽파 | 2 큰술 (8g) |
| 물 | $\frac{1}{5}$ 컵(45ml) |
| 부침가루 | $1\frac{1}{2}$ 큰술 |
| 식용유 | 2 큰술 |

**백종원의 tip**

만두전을 접시에 담은 후 같은 크기의 접시를 포개서 뒤집으면 만두가 보이지 않게 낼 수 있다.

시판용 냉동만두를 그냥 구워 먹을 때는 코팅팬에 만두를 올리고 식용유를 두른 후 약한 불에 굽다가 만두가 익기 시작하면 물을 넉넉하게 붓고 뚜껑을 닫고 익히면 된다.

**1** 쪽파를 0.3cm 두께로 송송 썬다.

**2** 물과 부침가루를 섞어 둔다.

> 반드시 코팅팬 사용!

**3** 넓은 팬에 만두를 가지런히 올린다.

**4** 만두 사이사이에 식용유를 고루 두르고 불을 켠 후 약불로 달군다.

**5** 팬이 뜨겁게 달궈지면 부침가루물을 만두 사이사이에 붓는다. 만두들이 이어질 정도의 양만 넣으면 된다.

**6** 만두 위에 쪽파를 솔솔 뿌린다.

**7** 뚜껑을 닫고 3~4분 정도 구워 만두가 다 익으면 완성이다.

# 경양식돈가스

**Point** 7080세대에게는 추억의 맛을,
젊은 세대에게는 새로운 집밥의 추억을
선물해 줄 경양식돈가스다.

### 재료 (4인분)

- 등심 ········ 80g 4덩이 (320g)
- 밀가루 ················ ⅓컵 (40g)
- 달걀 ························· 1개
- 빵가루 ················ 2컵 (90g)
- 꽃소금 ······················ 약간
- 후춧가루 ··················· 약간

## 돈가스용 고기 준비하기

**1** 돈가스용 고기를 가지런히 펼친 후 꽃소금과 후춧가루로 밑간한다.

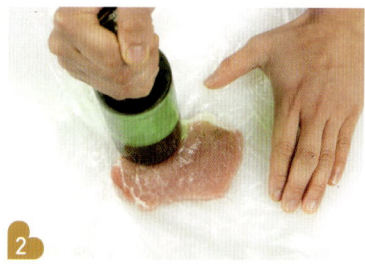

**2** 밑간한 고기를 위생비닐에 넣고 병을 세워 병 바닥으로 고기를 두드려 편다. 지름 12cm 정도로 넓게 펴면 된다.

**3** 손질한 고기를 비닐봉지째 냉장고에 넣고 1시간 정도 숙성시킨다.

**4** 밀가루, 계란물, 빵가루를 각각 다른 그릇에 담아 순서대로 둔다.

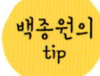

**백종원의 tip**

돈가스용 고기는 어느 부위든 상관없지만, 경양식돈가스에는 모양이 일정한 등심이 제일 많이 쓰인다. 반면 일본식돈가스에는 안심이 많이 쓰인다.

기사 식당에서 나오는 넓은 돈가스를 만들고 싶다면 180g 정도의 두툼한 고기를 사용하면 된다.

빵가루까지 입힌 돼지고기는 위생비닐을 깔고 겹겹이 쌓은 후 밀봉하면 냉동 보관이 가능하다.

**5** 냉장고에서 숙성시킨 고기를 꺼내 밀가루를 골고루 묻힌 후 한 번 털어 준다.

**6** 밀가루를 묻힌 고기를 포크 두 개로 집고 계란물을 양면으로 골고루 입힌다.

**7** 계란물 입힌 고기의 양면을 빵가루로 덮은 후 손으로 꾹꾹 눌러 준다.

**8** 빵가루 입힌 고기를 쟁반에 가지런히 올려 둔다.

### 재료 (4인분)

물 ·················· 2컵 (360ml)
우스터소스 ········· 6큰술
케첩 ·············· ⅔컵 (140g)
밀가루 ············· 5큰술
버터 ··············· 55g
우유 ············· 1컵 (180ml)
황설탕 ············· 4큰술
후춧가루 ··········· 약간

## 데미그라스소스 만들기

**1** 볼에 물, 우스터소스, 케첩을 넣고 섞어 양념물을 만들어 둔다.

밀가루와 버터는 같은 부피로.

**2** 넓은 팬에 밀가루와 버터를 넣는다.

**3** 약불에서 밀가루와 버터를 잘 저으며 볶아 루를 만든다.

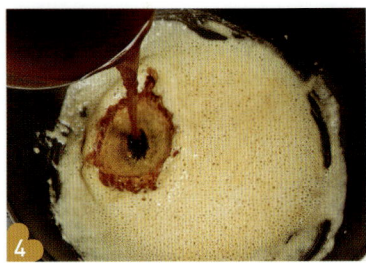

**4** 루가 연한 갈색이 되면, 섞어 둔 양념물을 부으며 저어 준다. 양념물은 과감하게 부어야 엉기지 않는다.

**5** 소스가 팔팔 끓으면 우유와 황설탕을 넣고 점성이 생길 때까지 천천히 저으며 끓인다.

**6** 소스에 점성이 생기고 걸쭉해지면 후춧가루를 뿌리고 고루 저어서 완성한다.

**백종원의 tip**

우스터소스가 없다면, 우스터소스 대신 진간장 ⅔컵과 식초 4큰술을 넣고 같은 방법으로 조리하면 비슷한 맛을 낼 수 있다.
루를 만들 때 꼭 기억할 점은 재료가 엉기거나 타지 않도록 '고루 섞고 잘 저어야 한다'는 것이다. 루에 넣을 양념도 미리 물에 넣고 잘 섞어 두어야 한다.

## 돈가스 튀기기

 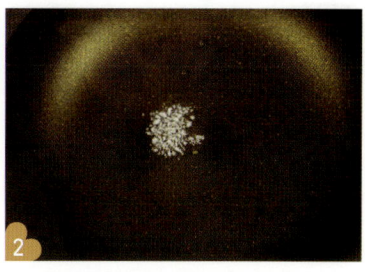

1. 넓고 깊은 팬에 식용유를 10컵 정도 붓고 센불에서 160~170도까지 달군다.

2. 식용유에 빵가루를 넣어 기름 온도를 체크한다. 빵가루가 3초 만에 떠오르면 적정 온도에 도달한 것이다.

3. 튀김옷을 입힌 돈가스를 두 손으로 잡고 팬 가장자리에서 살짝 넣고 튀긴다.

4. 돈가스가 거의 익어서 떠오르면 뒤집어 가며 노릇하게 튀긴다.

5. 노릇노릇하게 익은 돈가스를 건져 체 가장자리에 세워서 상온에 잠깐 둔다.

6. 돈가스의 휘어진 부분이 위로 가도록 접시에 올리고 소스를 부은 후 샐러드 등과 함께 낸다.

> **백종원의 tip**
>
> 돈가스를 튀길 때는 기름을 아끼지 말고 넉넉하게 쓰자. 튀기고 남은 식용유는 체에 거른 후 두세 번 재사용 가능하다.
> 돈가스가 바닥에 붙어버리는 경우도 있으니 한 번씩 체크하자.
> 돈가스가 익는 동안에는 자주 뒤집을 필요가 없다. 거의 다 익어서 노릇노릇한 빛깔로 떠올랐을 때부터 뒤집어 주자.
> 다 익은 돈가스를 세워 두면 기름이 잘 빠져 더 바삭해진다.

# 크림수프

*Point* 밀가루와 버터를 볶아 집에서 만들어 먹는 크림수프다.
이왕이면 크루통까지 함께 곁들여 근사하게 즐겨 보자.

### 재료 (4인분)

- 식빵 가장자리 ······ 1컵 (24g)
- 식용유 ············ 1컵 (180ml)
- 밀가루 ············ 5큰술
- 물 ·············· 2컵 (360ml)
- 우유 ············· 2컵 (360ml)
- 버터 ·············· 55g
- 꽃소금 ············ ½ 큰술
- 후춧가루 ············ 약간

**백종원의 tip**

1~3번은 크루통을 만드는 과정이다. 수프의 모양을 위한 것이므로 생략 가능하다. 수프의 간을 소금으로만 하면 경양식집에서 먹던 맛은 안 난다. 옛날 그 맛을 원한다면 소량의 조미료를 더하자.

**1** 식빵의 가장자리를 1cm 두께로 잘라 낸 후 다시 1cm 간격으로 썬다.

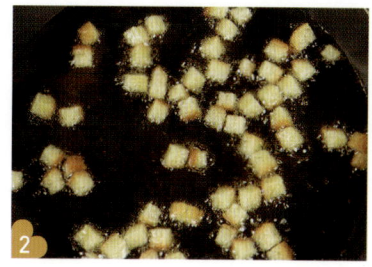

**2** 센불로 달군 식용유에 자른 식빵 가장자리를 넣고 노릇노릇해질 때까지 튀긴다.

**3** 노릇하게 튀겨진 크루통을 체로 건져 기름을 빼 둔다.

**4** 볼에 물과 우유를 붓고 섞어 둔다.

*너무 볶으면 수프 색이 진해진다.*

**5** 넓은 팬에 버터와 밀가루를 넣고 약불에서 연한 갈색이 될 때까지 볶는다.

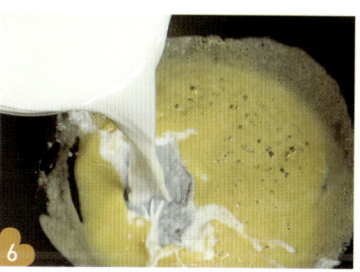

**6** 연한 갈색으로 볶은 루에 우유물을 붓고 저어 가며 볶는다.

**7** 점성이 생길 때까지 끓인 후 꽃소금으로 간을 한다.

**8** 완성된 수프를 그릇에 담고 후춧가루와 크루통을 뿌려서 낸다.

# 마카로니샐러드

*Point* 옛날 경양식 집에서 먹던 추억의 마카로니샐러드.
마카로니는 원래 파스타 면의 한 종류이지만
샐러드 재료로도 많이 쓰인다.

### 재료 (4인분)

마카로니 ······· 1½컵 (약 200g)
물 ················· 11컵 (1980ml)
당근 ·················· ¼개 (40g)
양파 ················ ⅛개 (약 40g)
단무지 ················ ⅓컵 (30g)
셀러리 ············· 2큰술 (16g)
마요네즈 ············· 1컵 (180g)
황설탕 ················· 1½큰술
후춧가루 ·················· 약간

**1** 단무지, 양파, 셀러리는 0.3cm 두께로 썬 후 잘게 다진다. 당근은 사방 0.7cm의 주사위 모양으로 썬다.

**2** 냄비에 물을 끓인 후 마카로니를 넣고 약 15분 정도 삶는다.

**3** 삶은 마카로니는 체로 건져서 물기를 뺀다.

**4** 볼에 당근, 양파, 단무지, 셀러리, 삶은 마카로니를 넣고 섞는다.

**5** 황설탕, 후춧가루, 마요네즈를 넣는다.

**6** 그릇을 살살 돌려 가며 고루 섞어서 완성한다.

**백종원의 tip**

마카로니의 탱글탱글한 식감을 살리려면 끓는 물에서 15~20분 정도 충분히 삶아 주는 것이 좋다.
샐러드에 셀러리를 다져 넣으면 이국적인 맛을 낼 수 있다. 물론 생략 가능하다.

# 감자샐러드

*Point* 감자샐러드에서 기억해야 할 포인트는
재료를 섞는 순서와 온도다.
뜨거울 때 넣어야 할 재료와
약간 식힌 후에 넣어야 할 재료를 구분하자.

### 재료 (4인분)

- 감자 ············ 3개 (540g)
- 물 ············ 11컵 (1980ml)
- 당근 ············ 2큰술 (30g)
- 양파 ············ ½개 (약 40g)
- 단무지 ············ ¼컵 (30g)
- 마요네즈 ············ 1컵 (180g)
- 황설탕 ············ 2큰술
- 식초 ············ 3큰술
- 후춧가루 ············ 약간

**1** 단무지, 당근, 양파를 0.3cm 두께로 썬 후 잘게 다진다.

**2** 껍질 벗긴 감자를 2~4등분한다.

**3** 끓는 물에 감자를 넣고 15분 정도 삶아 푹 익힌다.

**4** 감자가 푹 삶아지면 집게로 건져 볼에 넣고 국자로 으깬다.

**5** 감자가 어느 정도 으깨지면 양파를 넣고 섞는다.

**6** 감자를 실온에서 식힌 후 당근과 단무지를 넣고 섞는다.

**백종원의 tip**

감자가 뜨거울 때 양파를 섞으면 양파의 향이 살아나고 매운맛이 가셔서 좋다. 반면 당근이나 단무지는 뜨거울 때 섞으면 물이 생기므로 감자를 식힌 후에 섞는 것이 좋다.

*식초가 고소함을 배가시킨다.*

**7** 황설탕, 후춧가루, 식초를 넣고 섞는다.

**8** 채소와 양념이 섞인 감자를 냉장고에 넣어 식힌 후 마요네즈를 넣고 살살 돌려 가며 고루 섞어서 완성한다.

# 돈가스샌드위치

**Point** 돈가스와 소스를 직접 만드는 것이 부담스러운 분들을 위해 시판용 돈가스를 이용한 색다른 간식을 준비했다.

### 재료 (4인분)

시판용 냉동 돈까스 ····· 150g 4장 (600g)
식용유 ························· 6컵 (1080ml)
식빵 ····························· 8장
마요네즈 ······················· 4큰술
데미그라스소스 ············· 4큰술

**1** 넓고 깊은 팬에 식용유를 붓고 센불에서 160~170도 정도까지 달군다.

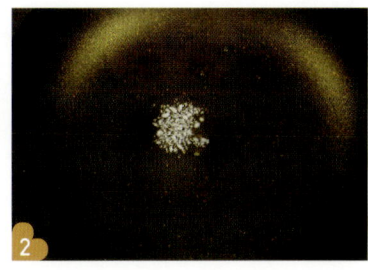

**2** 식용유에 빵가루를 넣어 기름 온도를 체크한다. 빵가루가 3초 만에 떠오르면 적정 온도에 도달한 것이다.

**3** 달궈진 기름에 냉동 돈가스를 넣고 튀긴다.

**4** 돈가스가 거의 익어서 떠오르면 뒤집어 가며 노릇하게 튀긴다.

**5** 앞뒤가 노릇노릇하게 익은 돈가스를 건져 체 가장자리에 세워 놓는다.

**6** 식빵의 한쪽 면에 마요네즈를 고루 펴서 바른다.

*데미그라스소스는 시판용 돈가스소스로 대체 가능.*

**7** 마요네즈 위에 튀긴 돈가스를 올리고 그 위에 데미그라스소스를 바른다.

**8** 식빵을 올리고 손으로 꾹 누른 후 먹기 좋은 크기로 잘라 낸다.

## 찾아보기

 만능간장 16
 가지볶음 18
 애호박볶음 20
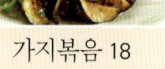 양배추볶음 22

 숙주볶음 24
 쑥갓볶음 26
 중국식피망볶음 28
 셀러리볶음 30

 느타리버섯볶음 32
 달래간장과 김구이 34
 청포묵무침 36
 두부조림 38

 잡채 40
 마늘종볶음 46
 멸치볶음 48
 감자볶음 52

 어묵감자볶음 54
 고사리볶음 56
 꽈리고추조림 58
 감자조림 60

 우엉조림 62
 연근조림 64
 무조림 66
 일본식무조림 68

 깻잎찜 70
 김치전 74
 돼지고기김치찌개 76
 들기름달걀프라이 79

 통조림생선구이 80
 고등어감자조림 82
 고등어김치찜 86
 일본식꽁치조림 88

 건새우볶음 91
 압력밥솥콩나물밥 92
 콩나물무침 94
 얼큰콩나물찌개 98

 콩나물볶음밥 100
 콩나물불고기 102
 오징어 요리의 기초 104
 오징어숙회 106

 오징어초무침 108
 오징어볶음 110
 중국식오징어꼬치 114
 감자채볶음 117

 돼지고기구이 120
 양파캐러멜카레 124
 목살스테이크카레 126
 잔치국수 130

 비빔국수 134
 열무물국수 136
 만두전 138
 경양식돈가스 140

 크림수프 144
 마카로니샐러드 146
 감자샐러드 148
 돈가스샌드위치 150